上海市交通运输行业协会团体标准

上海市域铁路水文地质勘察规范(试行)

Code for Hydrogeological Investigation of Shanghai Suburban Railway

(Trial Implementation)

T/SHJX 0016—2020

主编单位:上海市政工程设计研究总院(集团)有限公司
批准部门:上海市交通运输行业协会
施行日期:2021 年 4 月 1 日

同济大学出版社

2021 上海

图书在版编目(CIP)数据

上海市域铁路水文地质勘察规范:试行/上海市政工程设计研究总院(集团)有限公司主编. —上海:同济大学出版社,2021.10

ISBN 978-7-5608-9901-5

Ⅰ.①上… Ⅱ.①上… Ⅲ.①城市铁路-水文地质勘探-技术规范-上海 Ⅳ.①U239.5-65

中国版本图书馆 CIP 数据核字(2021)第 186217 号

上海市域铁路水文地质勘察规范(试行)

上海市政工程设计研究总院(集团)有限公司 **主编**

责任编辑 朱 勇
责任校对 徐春莲
封面设计 陈益平

出版发行 同济大学出版社 www.tongjipress.com.cn
(地址:上海市四平路 1239 号 邮编:200092 电话:021-65985622)
经 销 全国各地新华书店
印 刷 江苏凤凰数码印务有限公司
开 本 889mm×1194mm 1/32
印 张 3.375
字 数 91 000
版 次 2021 年 10 月第 1 版 2021 年 10 月第 1 次印刷
书 号 ISBN 978-7-5608-9901-5
定 价 40.00 元

上海市交通运输行业协会

沪交协(2020)第 143 号

上海市交通运输行业协会
关于发布《上海市域铁路岩土工程勘察规范(试行)》等
4 项团体标准的通知

经上海市交通运输行业协会第七届第三十九次秘书长办公会议批准,以下 4 项团体标准予以发布。

一、《上海市域铁路岩土工程勘察规范(试行)》(发布编号:T/SHJX 0014—2020);

二、《上海市域铁路噪声与振动控制技术标准(试行)》(发布编号:T/SHJX 0015—2020);

三、《上海市域铁路水文地质勘察规范(试行)》(发布编号:T/SHJX 0016—2020);

四、《上海市域铁路车辆基地设计标准(试行)》(发布编号:T/SHJX 0017—2020)。

特此予以发布。

上海市交通运输行业协会

2020 年 12 月 25 日

前　言

根据上海市交通运输行业协会市域铁路分会《关于发布〈2019 上海市域铁路建设类技术标准编写计划(一)〉的通知》[沪交协域铁(2019)第 3 号]的要求,由上海市政工程设计研究总院(集团)有限公司会同有关单位组成编制组,经广泛调查研究,借鉴铁路、城市轨道交通和其他工程建设中水文地质勘察、地下水控制的经验,参考了上海市工程建设规范《建设工程水文地质勘察标准》(DG/TJ 08—2308—2019)等相关标准,并在征求意见的基础上,编制了本规范。

本规范的主要内容有:总则;术语和符号;基本规定;勘察阶段;水文地质调绘;水文地质勘探;水文地质试验;水文地质动态观测与沉降监测;勘察成果整理。

本规范由上海市交通运输行业协会负责管理,上海市政工程设计研究总院(集团)有限公司负责具体技术内容的解释。希望各单位及相关人员在执行本规范的过程中,结合工程实践和科学研究,总结经验,积累资料。如有意见和建议,请反馈至规范编制组(地址:上海市杨浦区中山北二路 901 号 5 号楼《上海市域铁路水文地质勘察规范(试行)》编写组;邮编:200092;电话:021—55008700;E-mail:ytgs@smedi.com),以供今后修订时参考。

授权委托单位:上海市交通运输行业协会市域铁路分会

主 编 单 位:上海市政工程设计研究总院(集团)有限公司

参 编 单 位:(排名不分先后)

上海申铁投资有限公司

中铁第四勘察设计院集团有限公司

中铁上海设计院集团有限公司

上海长凯岩土工程有限公司

上海市隧道工程轨道交通设计研究院

主要编制人: 胡立明　丁国洪

参与编制人:（以下按姓氏笔画排序）

丁光文　万　鹏　王月辉　王旭东　王德刚

石长礼　朱悦铭　刘福东　李鹏程　肖玉兰

汪中卫　汪继锋　张勤羽　陆　顺　陈　亮

欧清波　周黎月　费　翔　郭洪涛　黄　星

游勇根　熊卫兵　瞿成松

主要审查人: 陈茂华　顾国荣　蒋建良　忻铁联　胡光祥

李　涛　张　钊　高文新　毛群芳　梁志荣

陈元元　熊灵阳　张建根

目　次

1 总 则

1.0.1 为规范上海地区市域铁路水文地质勘察工作，统一技术要求，做到安全可靠、保护环境、技术先进、经济合理，制定本规范。

1.0.2 本规范适用于上海地区市域铁路工程的水文地质勘察。

1.0.3 水文地质勘察应根据工程性质、勘察阶段、技术要求以及环境条件，结合岩土工程勘察成果进行。

1.0.4 在水文地质勘察过程中，应积极推广成熟的经验，采用新技术、新工艺、新方法和新设备。

1.0.5 水文地质勘察除应符合本规范的规定外，尚应符合国家、行业和本市有关现行标准、规范的要求。

2 术语和符号

2.1 术 语

2.1.1 市域铁路 suburban railway

位于中心城区与其他组团间、组团式城镇之间或与大、中城市具有同城化需求的城镇间，服务通勤、通学、通商等规律性客流，快速化、高密度、公交化的客运专线铁路。

2.1.2 水文地质勘察 hydrogeological investigation

为查明场地的水文地质条件而进行的水文地质工作，包括水文地质调绘、勘探、试验、地下水动态观测以及成果整理等。

2.1.3 水文地质条件 hydrogeological conditions

建设场地及周边的含水层和隔水层的空间分布特征和地下水的埋藏类型、补给、径流与排泄、各含水层的水力联系、水文地质参数、水质、水化学和水量等总称。

2.1.4 降深 drawdown

地下水位下降值，为天然静水位与动水位之差。

2.1.5 钻孔注水试验 water injection test in borehole

通过钻孔向试验段注水，以确定岩土层渗透系数的原位试验方法，可分为钻孔常水头注水试验和钻孔降水头注水试验。

2.1.6 抽水试验 pumping test

通过抽取地下水，以了解单孔出水量及其与水位下降的历时变化关系，求取含水层水文地质参数，判明含水层间及其与地表水体的水力联系的试验。

2.1.7 单孔抽水试验 single well pumping test

只在一个抽水孔中进行的、不带观测孔的抽水试验。

2.1.8 多孔抽水试验 pumping test with multiple wells

除在一个钻孔中抽水和测量抽水量与降深外，还布置观测孔观测水位的抽水试验。

2.1.9 群孔抽水试验 pumping test of well group

在两个或两个以上的抽水孔同时抽水，各孔的水位及抽水量有明显相互影响的抽水试验。

2.1.10 完整井 completely penetrating well

进水段完全穿透含水层的抽水井。

2.1.11 非完整井 partially penetrating well

进水段仅进入含水层一部分的抽水井。

2.1.12 稳定流抽水试验 steady-flow pumping test

在抽水试验中，抽水量和动水位同时相对稳定，并有一定延续时间的抽水试验。

2.1.13 非稳定流抽水试验 unsteady-flow pumping test

在抽水试验中，仅保持抽水量固定而观测地下水位变化，或保持水位降深固定而观测抽水量变化的抽水试验。

2.1.14 回灌试验 recharge test

向钻孔或井中进行灌水，通过回灌水量、压力及水位变化测定含水层渗透性、回灌水量和水文地质参数的原位试验。

2.1.15 水文地质参数 hydrogeological parameters

表征地层水文地质特征的数量指标，包括渗透系数、导水系数、贮水系数和给水度等。

2.1.16 越流渗透 leakage

在水头差作用下，相邻含水层通过弱透水层的垂直渗透。

2.1.17 导水系数 transmissivity

表示含水层导水能力的大小，在数值上等于渗透系数与含水层厚度的乘积。

2.1.18 给水度 specific yield

饱和岩土在重力作用下释放出水的体积与岩土总体积之比。

2.1.19 地下水控制 groundwater control

为保证基础工程正常施工，控制和减少对工程环境影响而采取的排水、降水、隔水或回灌等工程措施的统称。

2.2 符 号

K——渗透系数；

K_h——水平向渗透系数；

K_v——垂直向渗透系数；

Q——管井出水量、基坑涌水量；

H——潜水含水层的厚度；

r_w——抽水井过滤器外面层的半径；

R——影响半径；

S——承压含水层的储水系数或弹性释水系数；

s——水位下降值；

T——导水系数；

M——承压含水层的厚度；

γ_w——水的重度；

γ'——土的浮重度；

i——地下水的水力梯度；

$W(u)$——井函数；

μ——潜水含水层的给水度；

q——设计单井出水量；

r_i——第 i 个抽水井至观测孔或计算点的距离；

r_0——基坑等效半径；

α——压力传导系数；

H_t——降水头注水试验在试验时间 t 时的试验水头；

H_0——降水头注水试验的初始水头；

ψ_w——沉降计算经验系数。

3 基本规定

3.0.1 水文地质勘察可结合岩土工程勘察进行，通过水文地质勘察，应查明建设场地的水文地质条件，提交完整可靠、评价正确、建议合理的勘察成果。

3.0.2 对于水文地质复杂地段、重大水文地质问题或有其他特殊要求时，应进行专门的水文地质勘察。

3.0.3 水文地质勘察应包括水文地质调绘、勘探、试验、动态观测和成果整理等内容。

3.0.4 水文地质调绘应根据工程特点展开工作，内容包括搜集资料、地貌调查、地层调查以及地表水调查等。

3.0.5 水文地质试验应根据建设工程性质、场地条件、技术要求，结合地下水控制要求选用注水试验、抽水试验、回灌试验等方法。

3.0.6 现场勘察结束后，应对不再利用的勘探孔和试验孔进行封孔。

3.0.7 上海地区地下水特征与经验参数可参考本规范附录 A，土体渗透性等级划分应符合本规范附录 E 的规定。

4 勘察阶段

4.1 一般规定

4.1.1 水文地质勘察应与市域铁路设计阶段相对应,分阶段开展工作。

4.1.2 水文地质勘察内容、方法、工作量布置应结合工程设置和水文地质条件,根据勘察阶段进行确定。

4.2 勘察阶段

4.2.1 水文地质勘察划分为可行性研究勘察、初步设计勘察和施工图设计勘察三个阶段。

4.2.2 可行性研究勘察阶段水文地质工作应为编制可行性研究报告提供水文地质资料。包括下列主要内容:

1 搜集、分析沿线水文地质资料,总体评价线路方案水文地质条件。

2 利用既有的区域地质、工程地质和水文地质资料,分析水文地质条件及其对工程设置的影响。

3 拟建工程对地下水环境影响的评价。

4.2.3 初步设计勘察阶段应根据可行性研究阶段成果,初步查明沿线水文地质条件,为初步设计提供水文地质依据。包括下列主要内容:

1 结合沿线工程设置进行水文地质调绘及必要的水文地质勘探试验工作,初步评价沿线水文地质条件。

2　初步查明控制性工程及地质条件复杂地段的水文地质条件，评价其对工程设置的影响。

3　初步查明重点工程的水文地质条件，评价其对工程及周边环境的影响程度和范围。

4　根据需要建立临时性水文或地下水动态观测站（点）。

4.2.4　施工图设计勘察阶段应在充分利用初步设计阶段资料的基础上，按工点（车站、区间、工作井、路基、涵洞、停车场、车辆段等）开展工作，详细查明沿线各类工程的水文地质条件。包括下列主要内容：

1　为工点设计提供水文地质计算参数和资料。

2　进一步评价水文地质条件对工程设置及周边环境的影响程度和范围，预测其发展趋势，并提出防治措施的建议。

3　对初步设计阶段已建立的临时性水文、地下水动态观测站（点），继续进行观测；必要时，建立新的观测站（点）补充观测。

4.3　工作量布置

4.3.1　水文地质勘探工作量的布置，应能查明工程勘察区的水文地质条件，获取水文地质参数和分析评价所需的资料。

4.3.2　可行性研究勘察阶段水文地质勘察应以搜集资料为主，必要时可增加现场调查工作。

4.3.3　初步设计勘察阶段水文地质勘察应按水文地质单元布置，并应满足表 4.3.4 的规定。

4.3.4　施工图设计勘察阶段水文地质勘察应按工点（车站、区间、工作井、路基、涵洞、停车场、车辆段等）布置工作量，并应满足表 4.3.4 的规定。

表 4.3.4　现场试验与监测工作量布置要求

勘察阶段	试验项目	布置原则
可行性研究勘察	搜集资料、调绘	
初步设计勘察	注水试验、单孔抽水试验、承压水水位观测	按水文地质单元考虑，每个单元数量为1组～2组
施工图设计勘察	水力联系观测、多孔抽水试验、承压水水位观测	按水文地质单元结合工点设置，数量为1组～2组

注：注水试验、抽水试验、承压水观测仅针对地下车站、地下区间及工作井。

4.3.5　针对水文地质复杂地段、重大水文地质问题或其他要求的专门水文地质勘察，其工作量宜按工点进行布置，主要内容应满足表4.3.5的规定。

表 4.3.5　现场试验与监测工作量布置要求

勘察工作类别	工作量	工作量布置	
单孔抽水试验	试验数量(组)	≥2	
多孔抽水试验	试验数量(组)	≥1	
	观测孔数量(个)	≥2	
群孔抽水试验	试验数量(组)	≥1	
	每组抽水孔数量(个)	≥3	
	观测孔数量(个)	≥3	
单孔回灌试验	试验数量(组)	≥2	按需选做
	观测孔数量(个)	≥2	
群孔回灌试验	试验数量(组)	≥1	按需选做
	每组回灌孔数量(个)	≥3	
	观测孔数量(个)	≥3	
承压水观测孔	试验数量(组)	≥1	
地面沉降监测	监测剖面数量(条)	≥4	
土体分层沉降监测	监测点数量(组)	≥3	按需选做

续表4.3.5

勘察工作类别	工作量	工作量布置	
周边环境沉降监测	监测点数量	按需	
地下水长期动态观测	试验数量(组)	≥2	

注:1 表中数量均针对每一个目的含水层。
2 当涉及多个含水层时,应分层进行试验。
3 有条件时,试验孔应相互利用。
4 当场地涉及古河道和正常沉积两个地貌单元时,宜分别进行试验。

4.3.6 当试验目的符合下列内容之一时,应进行群孔抽水试验:

1 需验证工程降水的可行性。

2 需查明工程降水对周边环境的影响。

3 需验证局部地段阶段性成果,调整后续勘察方案。

4.3.7 水文地质试验与监测场地的地质勘察应满足下列要求:

1 勘察平面范围满足地下水控制影响范围,试验场地外可以搜集资料为主。

2 试验场地内采用钻探孔,辅以静力触探孔等手段查明含水层分布与土性。

3 勘探孔间距不大于35 m,且孔数不少于3孔;如含水层起伏较大时,应加密勘探孔,但孔距不小于10 m。控制性勘探孔应穿透地下水控制影响深度内的目的含水层,并进入下伏地层不小于5 m。

4 提供目的含水层颗粒分析的d_{10}、d_{30}、d_{50}、d_{60}值及对应的粒径级配曲线。

5 提供地下水控制目的含水层的上覆、下伏层位的压缩模量和固结系数。

6 需进行地下水回灌的,应采集回灌目的含水层和回灌水源的水样进行水质分析。

4.3.8 现场试验监测工作应满足下列要求:

1 监测内容根据工程性质和目的选择确定,包括地下水位、地面变形、土体分层变形、周边环境变形等。

2 地面变形和周边环境变形的监测范围以抽水孔为中心，监测半径不小于10倍试验最大水位降深。

3 地面沉降和周边环境沉降的监测点采用米字型、网格状或十字型布置，间距不大于15.0 m，重要地段适当加密。

4.3.9 当需要观察、分析含水层之间越流渗透性质时，宜在相邻含水层中布设1～2个观测孔。

4.4 勘察纲要

4.4.1 应根据委托要求、工程设置、水文地质条件等编制水文地质勘察纲要。

4.4.2 水文地质勘察纲要编制前应搜集下列资料：

1 附有规划红线、建筑坐标、桩基、地形等设计平面图。

2 设计方案及要求，包括基础类型、基础深度、施工方法、围护措施、止水措施等。

3 地下水影响范围内的周边环境条件，包括结构类型、基础型式、建筑年代、使用现状、变形控制标准等。

4 岩土工程勘察成果。

4.4.3 水文地质勘察纲要应包括下列内容：

1 拟建工程概况、勘察目的、编制依据及执行标准。

2 结合既有地质资料进行预分析。

3 对承压水进行抗突涌分析，确定试验目的含水层、水位降深要求。

4 水文地质调绘的范围、内容与要求。

5 水文地质勘察手段、方法选择及工作量布置。

6 水文地质试验孔布置与孔结构设计。

7 水文地质试验与监测方法及技术要求。

8 现场试验与监测孔的施工工艺与质量控制标准、要求以及含水层之间的隔水措施、材料与要求。

9 水文地质勘察报告的主要章节安排。

10 勘察质量安全保证措施、勘察计划进度、设备机具、人员安排等。

4.4.4 现场勘察期间,若主要含水层变化较大或工程设计方案变更等,需更改勘察方案时,应及时调整勘察方案。

5 水文地质调绘

5.1 一般规定

5.1.1 水文地质调绘工作应在搜集研究区域地质、水文地质资料的基础上进行，专门水文地质勘察的调绘工作应根据工程要求单独进行。

5.1.2 水文地质勘察的调绘范围应以地下水控制影响范围为界。

5.2 调绘内容与要求

5.2.1 应调查、搜集拟建工程的地下水控制影响范围内建(构)筑物及设施的状况，调查受地下水控制影响需要采取保护措施的环境对象。

5.2.2 水文地质调绘时，应搜集下列资料：

1 气候、降水量及其季节性变化和多年变化以及台风、暴雨等灾害性天气。

2 工程建设场地及邻近河流的有关水文资料。

3 地下水的类型和赋存状态。

4 地下水的补给、径流、排泄条件。

5 地下水与地表水的补排关系。

6 地下水位及其季节变化和多年变化。

7 周边有影响的降水工程。

8 地下水的水质及其受污染状态。

5.2.3 地貌调查宜包括下列内容：

1 划分各地貌单元的界线。

2 分析地形地貌与地下水埋藏、补给、径流和排泄的关系。

5.2.4 地层调查宜包括下列内容：

1 地层的成因类型、时代、层序。

2 地层的厚度及分布范围。

3 不同地层的透水性、富水性及其规律。

5.2.5 水井调查宜包括下列内容：

1 井的类型、深度、井径、井壁结构、井周地层剖面及井壁管的材质。

2 地下水的开采方式、出水量、水位、水温及动态变化。

3 有条件时，可进行简易抽水试验。

5.2.6 地表水调查宜包括下列内容：

1 地表水的流量、水位、水质、水温及动态变化。

2 地表水与地下水的补排关系。

3 潮汐对地下水的动态影响。

4 利用其作为人工回灌地下水的可能性。

5.2.7 取水样应符合下列要求：

1 所取水样应有代表性。

2 受潮汐影响的，地表水样按高、低潮水位分别采集样品。

3 每组水样分为 2 件，其中一件不少于 1 000 ml，另一件为 500 ml，且现场应添加大理石粉 2 g～3 g。

4 水质分析内容应满足工程建设需要，分析项目至少应包括 pH 值、Ca^{2+}、Mg^{2+}、NH_4^+、Cl^-、SO_4^{2-}、HCO_3^-、OH^-、侵蚀性 CO_2、游离 CO_2、总矿化度等。

5 从取样到试验的时间间隔应根据试验项目按现行相关标准执行。

6 水文地质勘探

6.1 一般规定

6.1.1 水文地质勘探包括试验场地地质勘探、注水试验孔、抽水试验孔、回灌试验孔、土体分层沉降点、地面沉降点等施工。

6.1.2 水文地质勘探应根据地层条件、场地及勘探孔类型选择合适的钻探设备和勘探工艺。

6.2 勘探技术要求

6.2.1 根据地层条件，试验孔成孔可选用螺旋钻或回转钻，采用正循环或反循环方式钻进。

6.2.2 试验孔的试验段应根据含水层分布情况分层设置，孔身应圆正、垂直，孔身的偏斜不得超过1°。

6.2.3 注水试验孔的成孔应满足下列要求：

1 成孔应保持孔壁垂直，防止试验段岩土层被扰动。

2 孔底沉淀物厚度不应大于5 cm。

3 可采用钢套管打入法或采用黏土球止水法，应保证止水可靠。

4 孔径、管径和管材应根据工程要求、含水层深度、试验深度及封堵材料等因素综合确定。

6.2.4 抽水试验孔的成孔应满足下列要求：

1 试验孔的结构一般由孔壁管、过滤器、沉淀管、填砾层、止水层等部分组成。

2　孔径、管径和管材应根据工程要求、含水层深度、试验深度以及出水量等因素综合确定。

3　过滤器应优先采用桥式过滤器，孔隙率不应小于15%，长度应根据场地的水文地质条件及工程要求综合确定。

4　沉淀管应与井管同质同径，长度为1.0 m～2.0 m，沉淀管底口应封死。

5　填砾层滤料优先填筑级配石英砂，规格应根据含水层砂样的颗粒级配成果确定，宜为含水层颗粒级配 d_{50} 的8倍～12倍；填砾层厚度应均匀，粗砂以上地层填砾厚度不得小于100 mm，中细粉砂及粉土地层不得小于150 mm；滤料充填面应高出滤管顶部1.0 m～2.0 m。

6　滤料上方应设置止水封闭层，竖向厚度不应小于5.0 m，止水封闭层应由风干黏土球充填形成，黏土球材料应为优质黏土，直径不大于20 mm。

7　黏土球封闭层顶至地面之间的井管外侧环状空隙可采用普通黏土充填。

6.2.5　回灌试验孔的成孔除满足抽水试验孔的成孔要求外，还应满足下列要求：

1　回灌孔的结构一般由孔壁管、过滤器、沉淀管、填砾层、止水层及注浆封填段等部分组成。

2　材质应采用焊接钢管或无缝钢管，壁厚不小于4 mm；管径应根据可能的回灌水量大小、试验技术要求以及过滤器类型等因素确定。

3　黏土球封闭层顶至地面之间的管壁外侧环状空隙宜采用水泥浆注浆或素混凝土充填。

4　试验孔顶部应确保可靠的密封性，孔口具有回灌进水口、放气口以及附属设备口，顶部应安装有压力计和流量计。

5　用于回灌试验孔须加强止水措施。孔壁外侧注浆时间在成井结束1周后；注浆施工结束至开始回灌，休止期应不少于20 d。

6.2.6 分层沉降监测孔的成孔与埋设应满足下列要求：

1 成孔直径不小于 110 mm。

2 成孔后应立即下入护管进行孔壁保护，护管材质可采用 UPVC 管材，壁厚不小于 4 mm。

3 沉降标采用钢管，壁厚不小于 4 mm。

4 沉降标底部应锚入孔底原状土层不小于 0.5 m。

6.2.7 孔隙水压力计的埋设应满足下列要求：

1 应采用钻孔埋设法。

2 成孔直径不小于 130 mm。

3 在埋设前，孔隙水压计应浸泡至饱和，排除透水石中的气泡。

4 孔隙水压力计所在位置上、下填入透水材料，高度不小于 1 m；当 1 个孔内需埋设多个孔隙水压计时，上、下孔隙水压力计之间应填入隔水材料，高度不小于 2 m。

5 观测孔口应采用隔水材料封孔。

6.2.8 试验管按设计要求组合排列，下管时按标高严格控制下管深度。试验管应平稳、居中、均匀入孔，在过滤器上、中、下部应各加 1 组扶正器。

6.2.9 试验孔的填砾层应按试验孔的结构设计要求于动水状态下填入滤料，随填随测滤料顶面标高，至预定位置为止，填料过程中应保证滤料均匀填充。

6.2.10 试验孔的止水层应按孔的结构要求填入止水材料，随填随测止水材料顶面标高，填料过程中应保证止水材料均匀、密实。

6.2.11 试验孔宜采用空压机与活塞交替洗孔，先进行空压机抽水洗孔，再进行活塞洗孔；当活塞拉出的水清澈后，换用空压机抽水洗孔，清除管底沉淤。

7 水文地质试验

7.1 注水试验

7.1.1 注水水源应选择无污染的清水。

7.1.2 注水试验应符合下列要求：

1 注水试验设备主要包括供水设备、止水材料、过滤器和测试设备。

2 设备安装应满足下列要求：

1）在试验设备安装前，应进行孔深校正，孔底沉淀物厚度不得大于 5 cm，否则应予以清孔。

2）非试验段采用套管进行护壁，试验段采用过滤器进行护壁，过滤器底部应与试验段底部齐平。

3）试验管应高于地面，各接头间应采取有效的止水措施，保证不漏水。

4）过滤器的孔隙率不应小于 15%。

3 应详细记录安装设备的规格、长度和安装深度等，并绘制安装结构图。

7.1.3 在进行注水试验前，应对试验段进行反复清洗，达到水清。

7.1.4 常水头注水试验应满足下列规定：

1 适用于渗透性较强的填土、粉土和砂土层。

2 安装完成后，在进行注水试验前，应进行地下水位观测，水位观测间隔为 5 min，当连续 2 次观测数据变幅小于 10 cm 时，水位观测即可结束，用最后一次观测值作为地下水位计算值。

3 向试验段内注入清水，试验管内水位应高于地下水位 1 m

以上,亦可至试验管孔口。

4 注水至试验设计水头后,应随时调整流量以保持水头稳定,水位变幅不应超过±1 cm。

5 当试验段渗水量大于供水能力时,应更换为供水能力更大的水泵或降低注水水头,使注水试验正常进行。

6 流量观察和记录应符合下列规定:

1) 开始每隔 1 min 量测 1 次,连续量测 5 次;再间隔 5 min 观测 5 次,以后每隔 30 min 量测 1 次,并至少连续量测 6 次。

2) 连续 2 次量测的注入流量之差不大于最后一次注入流量的 10%,且无持续增减趋势时,试验即可结束,取最后一次注入流量作为计算值。

7 当渗水量仍大于供水能力时,应记录最大注入水量,然后结束试验。

7.1.5 变水头注水试验应满足下列规定:

1 适用于地下水位以下渗透性较弱的粉土和黏性土层。

2 安装完成后,在进行注水试验前,进行地下水初始水位观测。

3 向试验段内注入清水,初始水位宜至试验管管口或高于地下水位一定高度。

4 注水至初始试验水位后,停止注水,开始观测。

5 水位观测和记录应符合下列规定:

1) 开始间隔时间为 1 min,连续观测 5 次;然后间隔为 5 min,连续观测 5 次;之后观测间隔时间应根据水位下降速度确定,可按 30 min 间隔进行。

2) 应在现场采用半对数坐标纸绘制水头比与时间关系 $\ln(H_t/H_0)-t$ 曲线;如不呈直线关系时,应进行检查并重新试验。

3) 当试验水头下降到初始试验水头的 0.3 倍或在

$\ln(H_t/H_0)-t$ 关系曲线上连续 10 个以上观测点呈直线时，即可结束试验。

7.1.6 试验资料整理应符合下列规定：

1 常水头注水试验应绘制流量与时间关系曲线或水头与时间关系曲线，并检查流量或水头是否稳定，确定流量计算值。

2 变水头注水试验应绘制 $\ln(H_t/H_0)-t$ 关系曲线，判断试验成果的可靠性。

3 渗透系数按下式计算：

1) 常水头注水试验

$$K=\frac{16.67Q}{AH} \tag{7.1.6-1}$$

注：1. 适用于地下水位以下。

2. K—岩土层渗透系数(cm/s)；Q—注入流量(L/min)；H—水头高度(cm)；A—形状系数(cm)。

2) 变水头注水试验

$$K=\frac{0.0523r^2}{A}\cdot\frac{\ln(H_1/H_2)}{t_2-t_1} \tag{7.1.6-2}$$

或根据 $\ln(H_t/H_0)-t$ 关系曲线求得注水试验特征时间 T_0，采用下式计算渗透系数：

$$K=\frac{0.0523r^2}{AT_0} \tag{7.1.6-3}$$

注：H_1，H_2—在 t_1、t_2 时刻相应的试验水头(cm)；H_t—注水时间 t 时的水头值(cm)；H_0—注水试验的初始水头值(cm)；t_1，t_2—注水试验某时刻的试验时间(min)；r—注水管内径(cm)；T_0—注水试验的特征时间(min)，即 $H_t/H_0=0.37$ 时所对应的 t 值，可在 $\ln(H_t/H_0)$ 曲线上确定；其他符号意义同式(7.1.6-1)。

7.2 抽水试验

7.2.1 抽水试验应按照工程性质、试验目的、工程地质、水文地质条件和场地环境条件等因素，选择稳定流或非稳定流抽水试验、完整孔或非完整孔试验。

7.2.2 当含水层厚度不大于 15 m 时，宜采用完整孔试验；当含水层厚度大于 15 m 时，可采用非完整孔试验。仅用于计算含水层的渗透系数、影响半径，可采用稳定流抽水试验；如采用群孔抽水试验测求含水层的导水系数、压力传导系数、渗透系数、越流系数、释水系数、给水度时，应采用非稳定流抽水试验。

7.2.3 抽水试验应符合下列要求：

1 抽水试验期间，需同步观测抽水孔和观测孔以及周边地表水水位，掌握初始水位及其变化规律对抽水试验的影响。

2 抽水试验时，应防止抽出的水在抽水影响范围内回渗到含水层中。

3 同组试验中，应采用同一工具和方法观测水位、沉降和流量。

4 抽水试验停止后，应测量抽水孔与观测孔的恢复水位。

5 抽水孔内应设置测压管，其透水部分应与过滤器一致。

6 多孔试验的观测孔，其过滤器长度与深度应与抽水孔的长度与深度基本相同。

7 群孔试验应根据工程性质、含水层特性设置多组不同的孔结构，并针对不同孔结构分别进行试验。

7.2.4 观测孔布置应满足下列要求：

1 针对同一地层的多孔或群孔抽水试验应布置观测线，每条观测线上的观测孔不宜少于 2 个。

2 最近的观测孔与抽水孔的距离不宜小于含水层厚度，且不宜小于 10.0 m；当含水层厚度较薄时，观测孔与抽水孔的距离不应小于 5.0 m；有多个观测孔时，其距抽水孔的距离应由近及远逐渐增加，且在 s-lg r 坐标系的横轴上满足均匀分布的要求。

3 利用 lg s-lg r^2 曲线求参时，同一含水层中的各观测孔过滤器长度宜相等，并安置于同一深度上。

7.2.5 稳定流抽水试验应符合下列要求：

1 抽水试验时，水位下降段次宜为 3 次，宜按水位降深从小到大顺序逐次试验，其中最大下降值宜接近孔内的设计动水位，其余 2 次下降值宜分别为最大下降值的 1/3 和 2/3。

2 抽水试验的稳定标准应符合下列要求：

1）在抽水稳定延续期内，抽水孔出水量和动水位的时间关系曲线只在一定范围内波动，且无持续上升或下降的趋势。

2）抽水孔出水量波动值不宜大于相邻时间段平均值的 5％。

3）采用潜水泵抽水时，抽水孔的水位波动值不应大于 3 cm，最远观测孔内的水位在连续 2 h 内的波动值不大于 20 mm/h。

3 抽水试验的稳定延续时间宜符合下列要求：

1）中砂、细砂和粉砂含水层：不小于 16 h。

2）粉土含水层：不小于 24 h。

4 抽水试验时，抽水量和动水位观测时间宜在抽水开始后的第 1 min、2 min、3 min、4 min、5 min、10 min、15 min、20 min、25 min、30 min、40 min、50 min、60 min、80 min、100 min、120 min 各观测 1 次，以后每隔 30 min 观测 1 次。

7.2.6 非稳定流抽水试验应符合下列要求：

1 抽水量稳定后，抽水孔出水量波动值不宜大于平均值的 5％。

2 抽水试验的延续时间应按水位下降与时间关系曲线确定，并应符合下列要求：

1）当水位下降与时间关系曲线有拐点时，延续时间宜延伸至拐点后的水平线段。

2）当水位下降与时间关系曲线无拐点时，延续时间宜根据试验目的确定。

3 抽水试验的抽水量和动水位观测时间宜在抽水开始后的第 1 min、2 min、3 min、4 min、5 min、10 min、15 min、20 min、25 min、30 min、40 min、50 min、60 min、80 min、100 min、120 min 各观测 1 次，以后可每隔 30 min 观测 1 次。

7.2.7 抽水试验停止抽水后应进行水位恢复观测，测量抽水孔与观测孔的恢复水位。水位恢复稳定标准应符合本规范第 7.2.5 条第 2 款的规定，测量时间应符合本规范第 7.2.5 条第 3 款的规定。

7.2.8 用于观测抽水试验的环境效应时，群孔抽水试验不宜小于 7 d。

7.2.9 群井抽水试验时，应对试验区内水位、流量、沉降等进行同步观测。

7.2.10 抽水试验结束后，应检查孔内沉淀情况。当沉淀物较多时，应分析原因及其对试验结果的影响。

7.2.11 抽水试验资料整理应符合下列要求：

1 应及时对现场试验中实测的资料和数据进行编录、检查和验收。

2 稳定流抽水试验资料的整理应符合下列要求：

1）在承压含水层中抽水时，应绘制各试验孔的 Q-s、Q-t 曲线或 q-s、q-t 曲线；当观测孔数量不少于 3 个时，应绘制 $\lg s$-$\lg r^2$ 曲线。

2）在潜水含水层中抽水时，应绘制各试验孔的 Q-Δh^2、Q-t 曲线或 q-Δh^2、q-t 曲线；当观测孔数量不少于 3 个时，应绘制 $\lg s$-$\lg r^2$ 曲线。

3 非稳定流抽水试验资料的整理应符合下列要求：

1）在承压含水层中抽水时，应绘制各试验孔的 $\lg s$-$\lg t$、

s-lg t 曲线。

2）在潜水含水层中抽水时，应绘制各试验孔的 lg(Δh^2)-lg t、Δh^2-lg t 曲线。

4 对试验成果的可靠性作出评价。

7.3 回灌试验

7.3.1 降水工程需采取地下水回灌措施控制因减压降水引发的地基沉降以保护建设工程周边环境时，设计施工前应进行地下水回灌试验。

7.3.2 除应符合本规范第 5.2 节内容外，地下水回灌试验前尚应收集下列资料：

1 收集回灌工程周边临近已有道路、管线、地下构筑物的分布，已有建(构)筑物基础类型、基础埋深、结构状况以及变形控制要求等资料。

2 周边地下工程的施工及降水情况。

3 基坑降水设计文件及降水施工组织设计。

4 基坑围护设计文件及施工现场平面布置图。

5 现场施工条件。

6 回灌用水的来源及水质情况。

7.3.3 回灌试验应符合下列要求：

1 回灌孔的布置应根据勘察目的、工程性质、水文地质条件、环境保护要求等因素确定，回灌孔数量应满足本规范第 4.3 节的规定。

2 以回灌孔为原点布置观测线 1～2 条，每条观测线上的观测孔不宜少于 3 个。

3 观测孔与回灌孔的距离应根据试验场地的水文地质条件确定。最近观测孔与回灌孔的间距及外围观测孔之间的间距均不宜大于 15.0 m。

4　当需对多层含水层作分层回灌时，应进行分层回灌试验。

5　回灌试验前及回灌试验中，应同步测量回灌孔、观测孔、周边水文地质点的自然水位、动水位；当自然水位的日动态变化较大时，应掌握其变化规律，并分析对回灌试验的影响。

6　回灌试验停止后，应测量回灌孔与观测孔的恢复水位。

7　回灌试验结束后，应检查回灌孔内沉淀情况。当孔内沉淀物较多时，应分析原因。

8　保证周边建(构)筑物、道路及地下设施等的安全和正常使用。

9　满足周边基坑抗渗流、抗突涌稳定性要求。

7.3.4　试验目的符合下列情况之一时，宜进行群孔回灌试验：

1　验证勘察区内地下水回灌可行性。

2　验证勘察区局部地段阶段性成果，调整后续回灌试验方案。

3　需查明地下水回灌对周边环境的影响或控制环境变形的效果。

7.3.5　群孔回灌试验尚应符合下列要求：

1　群孔回灌试验的回灌孔数量与深度、总回灌量及延续时间宜根据勘察目的、工程性质、场地水文地质条件及环境条件确定。

2　群孔回灌试验时，应同步观测勘察区内及勘察区周边水文地质点与地表水体的水位变化。

7.3.6　回灌水源可采用自来水或同层地下水，但应保证水质不劣于目标含水层的水质。根据水质分析结果，可采用絮凝、过滤、沉淀和氧化等处理方法。

7.3.7　除采用自然回灌外，可能采用加压回灌措施时，尚应进行加压回灌试验。

7.3.8　自然回灌宜保持回灌孔内水位与地下水静止水位保持高差；当回灌孔内水位升高至设计动水位后应控制回灌流量，保持回灌与渗流场的平衡。

7.3.9 加压回灌时，应及时观测压力、流量、水位及回灌孔四周地面土体的变化；回灌压力开始宜采用 0.05 MPa，加压间隔宜按 0.05 MPa逐级加压。

7.3.10 回灌试验进行到水位趋于稳定状态时，水位稳定与延续时间应符合下列要求：

1 在回灌稳定延续期内，回灌孔的回灌量和动水位的时间关系曲线只在一定范围内波动，且无持续上升或下降的趋势。

2 最远观测孔内的恢复水位在连续 2 h 内的波动值应小于 20 mm/h。

3 每级回灌压力下稳定水位延续时间应大于 12 h。

7.3.11 回灌试验资料整理应符合下列要求：

1 现场试验获得的各项实际资料应及时进行编录、检查和验收；当发现遗漏时，应在野外工作结束前进行纠正或弥补，以达到资料准确、系统和完整。

2 回灌试验资料的现场整理应符合下列要求：

1）根据单孔回灌试验历程，绘制各试验孔的 Q_h-t、Q_h-s_h 曲线。

2）根据单孔回灌试验历程，绘制 $\lg s_h$-$\lg t$、s_h-$\lg t$ 曲线。当观测孔数量不少于 3 个时，应绘制水位变化趋于稳定的 $\lg s_h$-$\lg r^2$ 曲线。

3）根据群孔回灌试验历程，绘制总回灌量的 Q_h-t 历时曲线、各观测孔的 q_h-s_h 曲线。当有地层变形观测资料时，应绘制对应观测孔的恢复水位与地层变形关系曲线 s_h-ε。

3 根据回灌试验成果，确定设计单井回灌量、回灌影响半径、设计回灌压力、极限回灌压力等参数。

4 对回灌试验成果的可靠性作出评价。

8 水文地质动态观测与沉降监测

8.1 一般规定

8.1.1 水文地质动态观测与沉降监测应根据监测目的、工程要求、水文地质条件和建设场地条件确定。

8.1.2 同一项目设置的观测点，应采用同一种方法和同一类工具进行观测。

8.2 地下水

8.2.1 水文地质动态观测点、线的布设，应能客观反映工程场区范围内的地下水动态变化；需查明各含水层之间的水力联系时，应分层设置观测点。

8.2.2 水文地质观测项目需根据观测目的确定，应符合下列规定：

1 水位：定期或不定期观测各测点的水位，查明地下水升降变化规律，分析地下水位变化的影响因素及其相互关系。

2 水量：定期或不定期观测地下水出水量、回灌量及其变化。

3 水质：工程建设过程中，应监测地下水的化学成分变化；分析项目至少应包括 pH 值、Ca^{2+}、Mg^{2+}、NH_4^+、Cl^-、SO_4^{2-}、HCO_3^-、OH^-、侵蚀性 CO_2、游离 CO_2 和总矿化度等。

4 水温：现场试验时，在对水温观测的同时还应记录当时环境下的气温。

8.2.3 水位观测应符合下列规定：

1 可采用测绳、电测水位计、自动水位仪或地下水自动监测仪等。

2 水位观测应从固定点量起，并将读数换算成从地面起算的水位埋深及标高。

3 现场注水、抽水和回灌试验期间，观测频率应满足相关试验要求；进行含水层水力联系观测时，观测频率应加密至 2 h/次；进行长期地下水位观测时，观测频率每周至少 1 次。

4 水位观测数值应以“m”为单位，并测记至小数点后 3 位；人工观测水位时，同一测次应量测 2 次，间隔时间不短于 1 min，2 次测量允许偏差不大于 10 mm，取 2 次水位的平均值为观测结果；自动监测水位仪精度不应大于 10 mm。

8.2.4 水量观测应符合下列规定：

1 观测方法应根据观测对象、现场条件和测量精度要求等确定，可采用流量表法和堰测法等。

2 现场注水、抽水法和回灌试验期间，观测频率应满足相关试验要求。

3 当使用流量表法时，观测精度不应低于 0.001 m^3；当使用堰测法时，标尺读数应精确至 1 mm。

8.2.5 水质监测应符合下列规定：

1 取样点分布应有代表性，从钻孔、井等采集地下水样时，宜在抽水后采集。

2 用于判定对建筑材料腐蚀性时，可进行水质简分析；用于判定回灌用水水质时，应进行水质全分析试验。

8.2.6 水温监测应符合下列规定：

1 根据工作要求，可采用水银温度计、自动测温仪等，最小分度值不应小于 0.1 ℃，允许误差的绝对值不应超过 0.1 ℃。

2 温度计应放置于水面以下 1.0 m 处，在水中停留时间不应少于 3 min，每测次应测量 2 次，间隔时间不少于 5 min，两次测量允许偏差不大于 0.2 ℃，取两次温度的平均值为观测结果。

8.2.7 需进行地下水长期动态观测时，应在勘察期间尽早开展。初步设计勘察阶段，建立专项地下水动态观测点网；施工图设计勘察阶段，完善地下水动态观测点网，观测的持续时间不应小于一个水文年；同时应根据工程特点和研究内容，必要时延长观测时间。工程水文地质勘察期间，收集水文地质资料，现场测量抽水试验静止水位。

8.2.8 当场地内有多层含水层可能对工程存在影响时，应分层量测，并注明测量时间。

8.2.9 对于地表水岸边工程，地表水与地下水有水力联系时，地表水与地下水应同步量测。

8.2.10 现场试验时，需在试验开始前 2 d 利用已有的试验井观测地下水静止水位。

8.3 沉降监测

8.3.1 沉降监测应包含地面沉降监测、地下管线沉降监测、建(构)筑物沉降监测以及土体分层沉降监测等内容。

8.3.2 环境监测网应符合下列要求：

1 基准点应设置在现场试验影响半径以外、位置稳定且不易被破坏的区域，并定期复测，数量不应少于 3 个，基准点之间应形成闭合环。

2 垂直位移监测网应采用吴淞高程系统，精度不得低于二等水准要求。

8.3.3 沉降监测应符合下列要求：

1 既有水塔、电塔、道路、桥梁、轨道交通等重要建(构)筑物应布置监测点，应布置于外墙、承重柱、墩柱。

2 现场试验期间监测频率不少于 1 次/d。

3 精度不低于二等水准要求。

8.4 监测信息管理

8.4.1 监测信息应及时分析整理，每次实测的水位、水量、水质、水温、沉降等资料，应按规定的格式进行整理，将反映各种监测成果的表格和图件汇编成册或数据库文件，并作为成果组成部分。

8.4.2 根据监测工作的目标和要求，应定期提交监测报表。

8.4.3 正式提交的成果资料连同原始数据记录应一并妥善归档。

9 勘察成果整理

9.1 一般规定

9.1.1 水文地质勘察成果应在收集已有的岩土工程勘察报告、水文地质试验、动态观测与沉降监测成果的基础上，根据工程特点、设计方案、施工方法对水文地质勘察的要求，进行分析评价。

9.1.2 水文地质勘察成果文件的报告及图表，应目的明确，数据与文字说明、图表应一致。

9.1.3 水文地质参数计算时，应根据工程地质和水文地质条件，选用相关计算公式，反映水文地质条件。

9.1.4 水文地质勘察成果依据的原始资料应真实，提供的成果文件应资料完整、数据可靠、结论正确、建议合理。

9.1.5 成果整理的内容应满足下列要求：

1 评价范围应涵盖地下水控制影响范围。

2 分析地下水动态特征，地下水与地表水、各地下水含水层的性质及其水力联系。

3 分析地下水对建设工程及周边环境的影响，提出地下水控制措施的建议。

4 分析评价地下水控制的风险源，提出风险控制的建议措施。

9.2 水文地质参数计算

9.2.1 基坑总涌水量计算应根据基坑平面形状、面积大小、降水深度、地下水类型、补给条件、降水井的完整性以及布井方式等因素合理选择计算公式，可按本规范附录B计算。

9.2.2 含水层的渗透系数应采用抽水试验、注水试验求得。利用注水试验求渗透系数详见本规范第7.1节内容，利用抽水试验求渗透系数可选用本规范附录C的计算公式。

9.2.3 导水系数可采用非稳定流试验观测孔的水位降深资料确定，也可采用单孔稳定流抽水试验求得或室内试验确定。采用单孔稳定流试验方法时，可按下式计算：

$$T = kM \tag{9.2.3}$$

式中：T——导水系数（m^2/d）；

k——渗透系数（m/d）；

M——含水层厚度（m）。

9.2.4 稳定流多孔抽水试验影响半径的确定，应利用观测孔中的水位降深资料，选用本规范附录D的有关公式计算；稳定流单孔抽水试验影响半径的确定，可采用经验数据或选用本规范附录D的有关公式计算。

9.2.5 水文地质参数统计与计算应符合下列规定：

1 试验指标的取舍宜考虑已有经验，并剔除异常值。

2 水文地质参数计算，当采用多种方法进行同一参数的计算时，结论不应简单取用平均值或提供范围值，而应根据勘察区水文地质条件综合确定。

3 提供含水层水文地质参数的范围值、算术平均值，并提出设计建议值。

4 当需要采用数值法进行计算时，应列出概化模型、数值模型、网格划分、参数识别及数值模型检验拟合精度，绘制拟合曲线和预测图。

5 当需采用本规范以外的方法和公式进行计算时，应注明计算方法、公式的出处及使用条件；自行建立或变换的公式，应列出假设条件和主要推导过程。

9.3 水文地质分析与评价

9.3.1 工程水文地质分析评价应具备下列条件：

1 掌握工程性质，包括工程结构类型、基础埋深、荷载分布、变形控制等要求。

2 掌握场地的水文地质条件及环境条件。

3 了解类似工程的地下水控制经验。

4 了解相邻工程地下水控制措施对拟建工程及周边环境的影响。

9.3.2 场地水文地质条件评价应满足下列要求：

1 根据现场勘察成果、区域地质资料及已有岩土工程勘察资料，分析场地及周边地区含水层（组）的岩性、水平与竖向分布规律，明确含水层类型及埋藏条件。

2 根据已有地质资料，分析各含水层的富水性、各含水层之间的水力联系性质及其对地下水控制设计与施工的影响。

3 根据现场试验成果、地下水渗流数值分析结果及地区类同工程经验，分析含水层水文地质参数取值的可靠性。

4 根据工程性质、场地水文地质条件，分析拟建工程的抗承压水突涌安全性，分析评价场地下伏各含水层地下水对工程设计与施工的影响。

5 预测因地下水下降引起的周边地面与地层的附加沉降及空间分布。

6 综合分析工程周边环境条件，明确受地下水控制影响而需要采取保护措施的环境对象。

7 基于降水与回灌一体化设计理念提出工程降排水设计建议时，应提供保证工程施工安全的水位降深、单井涌水量以及止水帷幕设置的建议。

8　提出降水井的设置与井结构、回灌井的设置与井结构以及减小对周边环境影响的措施建议。

9.3.3　运用地下水渗流数值法预测地下水渗流场时空分布时，应满足下列要求：

1　渗流数值模型的初始条件、边界条件应与客观条件保持一致。

2　渗流数值模型的构建应包括降排水影响范围内的地层、抽水井、回灌井、观测井、隔水帷幕及阻隔地下水渗流的其他地下构筑物。

3　渗流数值模型的输入数据应能反映客观条件及实际降排水工况，包括初始地下水位、井的结构参数及空间坐标，抽（灌）水量的时空分布，地层空间分布参数，水文地质参数等。

9.3.4　地下水回灌建议宜包括下列内容：

1　分析地下水回灌可行性。

2　提供回灌井结构参数、回灌井间距、单井回灌量和回灌压力的建议值。

3　提出可采用的回灌水源及水质要求。

4　提出保障地下水回灌效果的建议措施。

9.3.5　当基坑底部附近具有产生渗透变形条件时，水泥土重力式围护和板式支护基坑，应验算基坑开挖后地基土的抗渗流或管涌稳定性。

9.3.6　基坑开挖面以下存在承压含水层且其上部存在不透水层时，应验算开挖过程中不透水层的抗承压水稳定性。

9.4　成果编制

9.4.1　工程水文地质勘察报告可结合岩土工程勘察报告编制，专门的水文地质勘察成果文件应单独编制，报告内容包括文字报告、图表和必要的附件。

9.4.2 文字报告应语言精练通顺、条理清晰、重点突出、结论可靠、技术名词和术语规范，并与附图、附表资料相一致。

9.4.3 图表类型以及详实程度可根据水文地质勘察要求和工程需要确定；编制的图表应主题突出、完整正确、清晰美观、使用方便。

9.4.4 文字报告应根据项目要求、工程性质、场地的工程地质与水文地质条件等，结合地下水控制经验编制，主要包括下列内容：

1 拟建工程性质、勘察目的与要求、工作依据、勘察手段、测试方案、主要过程及完成工作量。

2 场地工程地质条件和周边环境条件。

3 场地水文地质条件，包括含水层的空间分布、水文地质特征以及抗浮设防水位；地下水的补给、径流、排泄条件及其动态变化规律；地下水化学特征与腐蚀性评价；各含水层之间的水力联系。

4 水文地质试验及成果分析，提供相关的水文地质参数。

5 地下水与工程建设的相互影响分析。

6 地下水控制方案分析。

7 地下水控制对周边环境影响的分析；包括评价不同隔水措施工况下降水方案、回灌方案，以及对周边环境的影响分析。

8 地下水可能造成的工程风险。

9 结论与建议，包括拟建场地水文地质条件，水文地质参数，地下水化学特征与腐蚀性评价，基坑涌水量估算，降水方案建议与对周边环境的影响评价，预测可能产生的环境水文地质、工程地质问题，提出保护和改善措施的建议。

9.4.5 成果文件应附下列图件：

1 勘探点平面位置图。

2 水文地质剖面图。

3 水文地质柱状图。

4 水文地质试验孔结构图。

5 水文地质试验成果图表。

6 孔隙水压力测试成果图。

7 沉降监测成果图表。

8 地下水控制引起的环境沉降分布图。

9 其他所需要的图表，如颗粒分析成果统计表、水质分析成果表等。

附录 A　上海地区地下水特征与经验参数

A.0.1　上海地区的地下水主要赋存于松散岩类孔隙中，其赋存条件和分布规律，一般受控于区域地貌、地层岩性以及地质结构等因素。

A.0.2　根据含水层形成时代、成因、水动力条件等不同进行水文地质层划分，上海地区共划分为 3 个含水岩组、7 个含水层组。

A.0.3　与工程建设密切相关的浅部含水层为潜水含水层、微承压含水层、第一承压含水层和第二承压含水层。

A.0.4　浅部含水层水文地质条件如表 A.0.4-1 所示，其相关的渗透系数可参考表 A.0.4-2。第一、二、三承压含水层埋藏条件如图 A.0.4-1～图 A.0.4-3 所示。

表 A.0.4-1 上海市浅部含水层水文地质条件综合一览表

含水类组划分			成因类型	含水层（组）特征					地下水性质	
含水岩类	含水层(组)			主要岩性	埋藏深度	厚度	分布规律	渗透性	水质	水化学类型
第四纪松散岩类孔隙水	全新统	潜水含水层 Q_4^3、Q_4^2	滨海浅海河口	粉砂、砂质粉土及黏质粉土	层顶埋深 3 m～10 m	0～20 m	广泛分布，总体呈西部薄、东部厚的特征	以单一黏性土为介质时，微渗透性；以粉性土或砂土为介质时，弱—中等渗透性。第③层淤泥质黏性土中多夹薄层粉砂，其水平向渗透系数明显大于垂直向渗透系数；当第③层中所夹粉性土或砂土连续成层时(通常单独划分为亚层)，为中强渗透性	自西向东由淡水逐步过渡为微咸水至半咸水。主要分布在钦公塘以南、岛屿等地，硬度一般为 12 dH～15 dH，水温 12 ℃～15 ℃	HCO_3-Na；HCO_3·Cl-Ca·Na；Cl-Na
		微承压含水层 Q_4^1	滨海沼泽溺谷		层顶埋深 15 m～25 m	0～15 m	局部分布，位于第一承压含水层之上的第④₂、⑤₂及第⑤₃夹、⑤₄夹层粉性土或砂土含水层，具有承压性，分布呈不连续状	由于其土性不均，渗透系数变化大。以粉性土为介质时，弱～中等渗透性；以砂土为介质时，中强渗透性		

续表 A.0.4-1

含水类组划分				成因类型	含水层（组）特征					地下水性质	
含水岩类	含水层(组)				主要岩性	埋藏深度	厚度	分布规律	渗透性	水质	水化学类型
第四纪松散岩类孔隙水	上更新统	第Ⅰ承压含水层 Q_3^2		河口～滨海	粉砂为主，局部为细砂	顶面一般25 m～35 m，局部地段小于20 m。或大于40 m	一般5 m～15 m，东南部>20 m	广泛分布，整体上呈自北向南埋深由浅变深，在崇明岛、长兴岛、嘉定、淀山湖等地有缺失	属强透水层，单井涌水量可达500 m³/d～1 000 m³/d。表部因夹多量黏性土，为中等渗透性	据少量资料推测，绝大部分地区可能为微咸至咸水	Cl·HCO_3-Na；Cl-Na
		第Ⅱ承压含水层组	第Ⅱ上含水层 Q_3^2	滨海～浅海	以粉砂、细砂、中砂为主，局部为中粗砂夹砾	因上、下两个含水层在大部分地区连通，故作为一含水组。顶面60 m～70 m，底面100 m～130 m	一般20 m～40 m，个别地段可大于50 m	广泛分布，在青浦东部局部地块有缺失	是区内最具丰富地下水的岩性组。强渗透性，单井涌水量介于500 m³/d～3 000 m³/d	微咸水、半咸水、咸水分布范围广，而淡水仅分布于崇明岛西部南岸、宝山区大部，浦东新区北部、市区东部和西部边缘地带，水温19 ℃～20 ℃	Cl-Na；Cl·HCO_3-Na；HCO_3-Na
			第Ⅱ下含水层 Q_3^1	滨海～河口							

表 A.0.4-2 上海地区地基土层的渗透系数范围值

土层名称	范围值(cm/s)
淤泥质黏土	$(2\sim4)\times10^{-7}$
淤泥质粉质黏土	$(2\sim5)\times10^{-6}$
黏土	$(2\sim5)\times10^{-7}$
粉质黏土	$(2\sim5)\times10^{-6}$
黏质粉土	$(0.5\sim2)\times10^{-4}$
砂质粉土	$(1\sim2)\times10^{-3}$
粉砂	$(3\sim8)\times10^{-3}$
细砂	$(1\sim5)\times10^{-2}$

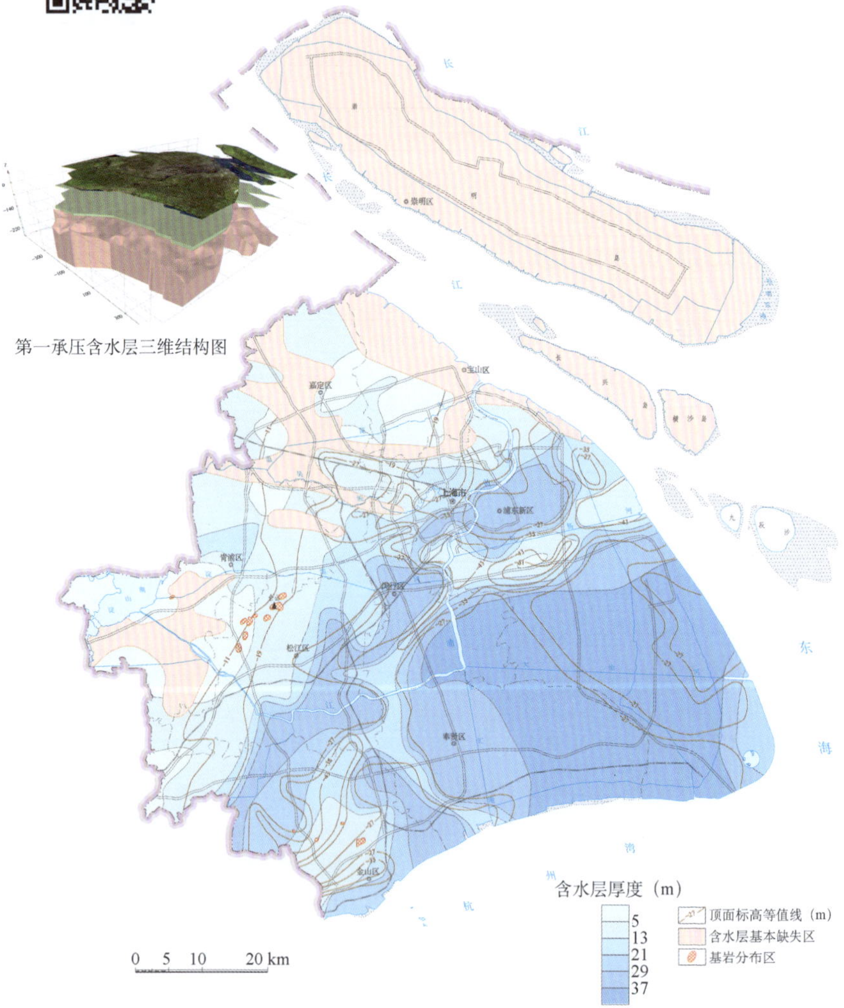

图 A.0.4－1 第一承压含水层厚度及顶板埋深等值线图

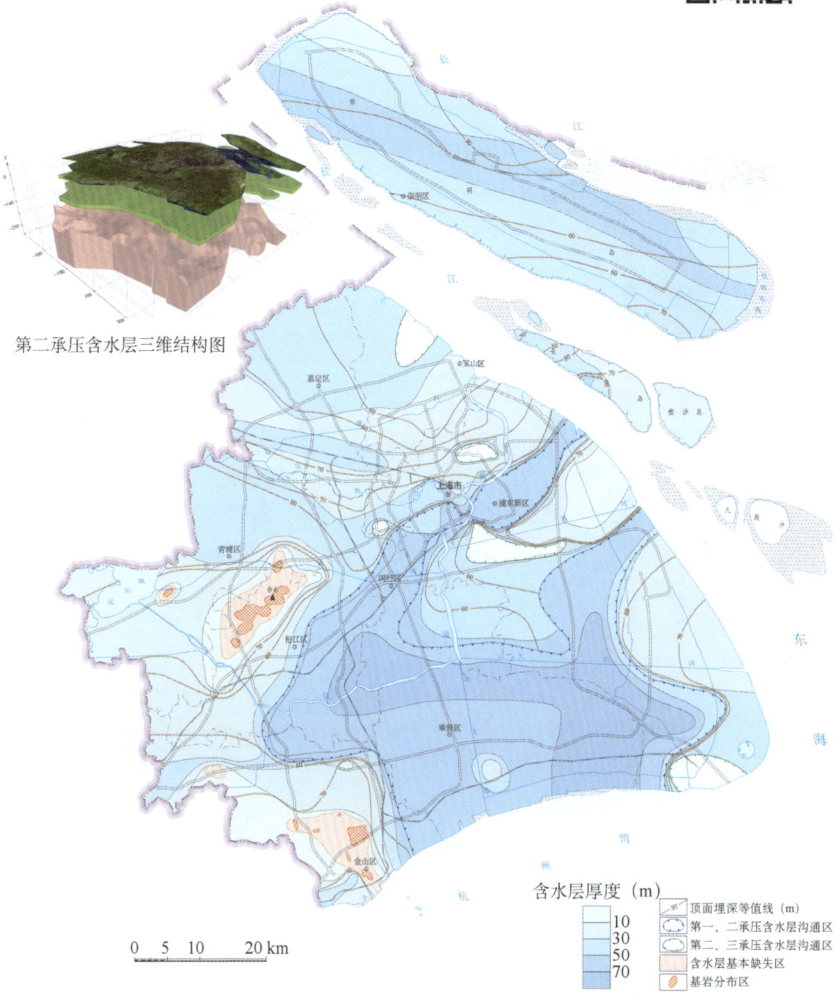

图 A.0.4－2　第二承压含水层厚度及顶板埋深等值线图

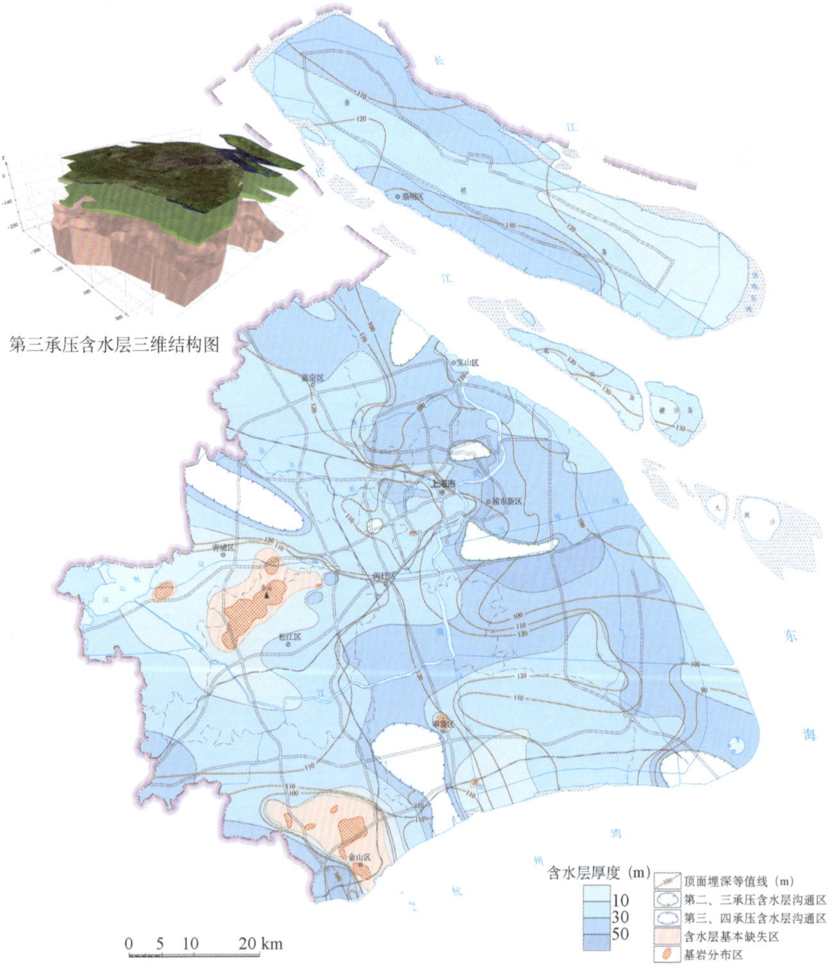

图 A.0.4－3　第三承压含水层厚度及顶板埋深等值线图

附录 B　基坑涌水量计算

B.0.1　基坑计算半径 r_0 可按表 B.0.1-1 和表 B.0.1-2 确定。

表 B.0.1-1　基坑计算半径

基坑平面图示	名称	r_0 表达式	公式采用的符号
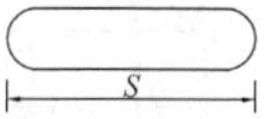	长条形	$r_0=\frac{S}{4}$	S 为基坑长度，宽/长→0 时才适用
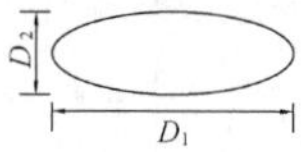	椭圆形	$r_0=\frac{D_1+D_2}{4}$	D_1 与 D_2 为椭圆形长轴与短轴的长度
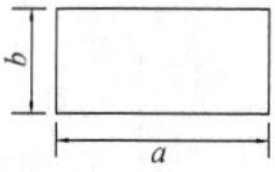	矩形	$r_0=\eta\frac{a+b}{4}$	a 与 b 为矩形边长，η 见表 B.0.1-2
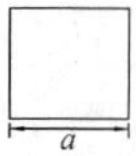	方形	$r_0=0.59a$	a 与方形边长
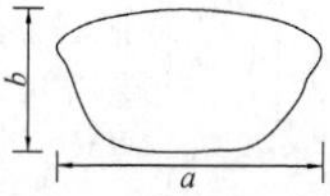	不规则的圆形	$r_0=\sqrt{\frac{F}{\pi}}$	$a/b<2\sim3$ 时采用该式计算，F 为基坑面积
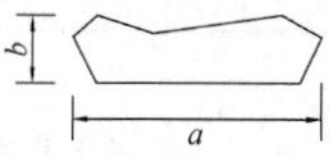	不规则的多边形	$r_0=\frac{P}{2\pi}$	$a/b>2\sim3$ 时采用该式计算，P 为基坑周长

表 B.0.1-2　η 取值

b/a	0.1～0.2	0.2～0.3	0.3～0.4	0.4～0.6	0.6～1.0
η	1.00	1.12	1.14	1.16	1.18

B.0.2 基坑涌水量宜根据帷幕插入深度、地层性质、基坑开挖深度及降水井深度等因素确定，圆形或长宽比小于 20 的矩形基坑可按下列情况估算：

1 第一类基坑渗流计算

周边无隔水帷幕的开放式降水或止水帷幕插入降水目的承压含水层隔水顶板时，基坑涌水量可按表 B.0.2-1 计算。

表 B.0.2-1 潜水含水层计算公式与适用条件

序号	图形	计算公式	适用条件
1	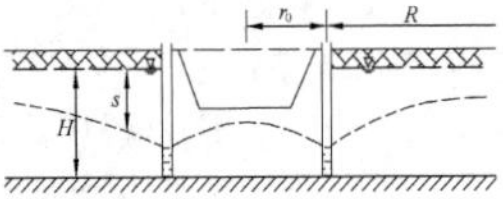	$Q=1.366K\dfrac{(2H-s)s}{\lg(R+r_0)-\lg r_0}$	潜水完整井，均质含水层，基坑远离边界
2	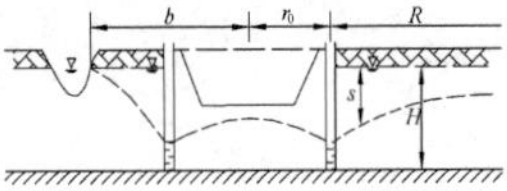	$Q=1.366K\dfrac{(2H-s)s}{\lg 2b-\lg r_0}$	潜水完整井，均质含水层，岸边降水，$b<0.5R$
3	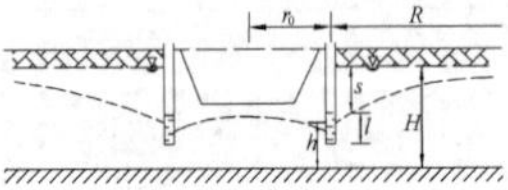	$Q=1.366K\left\{(H^2-h^2)\Big/\left[\lg\dfrac{R+r_0}{r_0}+\dfrac{\bar{h}-l}{l}\lg\left(1+0.2\dfrac{\bar{h}}{r_0}\right)\right]\right\}$ $\bar{h}=\dfrac{H+h}{2}$	潜水非完整井，均质含水层，基坑远离边界
4	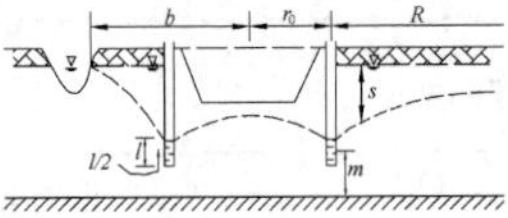	$Q=1.366Ks\left(\dfrac{l+s}{\lg\dfrac{2b}{r_0}}+\dfrac{l}{\lg\dfrac{0.66l}{r_0}+0.25\dfrac{l}{m}\lg\dfrac{b^2}{m^2-0.14l^2}}\right)$ （m 为由含水层底板至过滤器有效工作部分中点的长度）	潜水非完整井，均质含水层，近河基坑降水，含水层厚度不大；$b>m/2$

续表 B.0.2-1

序号	图形	计算公式	适用条件
5	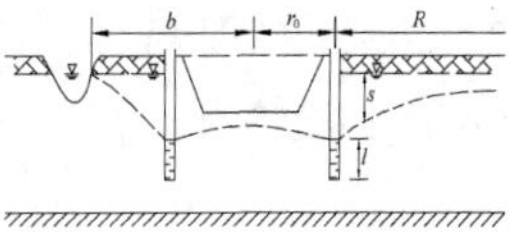	$Q=1.366Ks\left(\frac{l+s}{\lg\frac{2b}{r_0}}+\frac{l}{\lg\frac{0.66l}{r_0}-0.22\text{arsh}\frac{0.44l}{b}}\right)$	潜水非完整井，均质含水层，近河基坑降水，含水层厚度很大；$b>L$
6	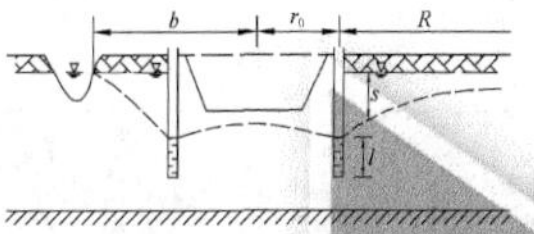	$Q=1.366Ks\left(\frac{l+s}{\lg\frac{2b}{r_0}}+\frac{l}{\lg\frac{0.66l}{r_0}+0.11\frac{l}{b}}\right)$	潜水非完整井，均质含水层，近河基坑降水，含水层厚度很大；$b<L$

注：Q—基坑涌水量(m^3/d)；
K—渗透系数(m/d)；
H—潜水含水层厚度(m)；
s—水位降深(m)；
R—引用影响半径(m)；
r_0—基坑计算半径(m)；
b—基坑中心至岸边的距离(m)；
h—基坑动水位至含水层底板深度(m)；
$\bar{h}$—潜水含水层厚度与动水位以下的含水层厚度的平均值(m)；
l—过滤器有效工作部分长度(m)。

表 B.0.2-2 承压含水层计算公式与适用条件

序号	图形	计算公式	适用条件
1	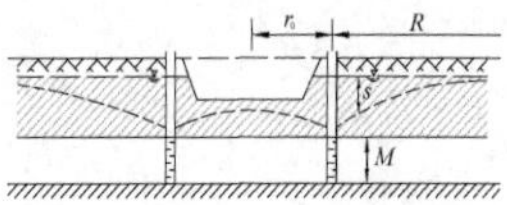	$Q=\frac{2.73KMs}{\lg(R+r_0)-\lg r_0}$	承压水完整井，均质含水层，基坑远离边界
2	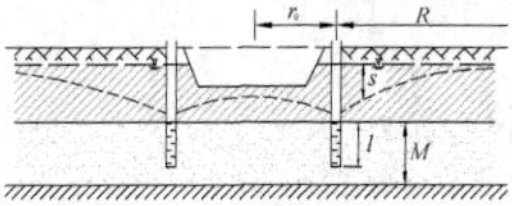	$Q=\frac{2.73KMs}{\lg\frac{R+r_0}{r_0}+\frac{M-l}{l}\lg\left(1+0.2\frac{M}{r_0}\right)}$	承压水非完整井，均质含水层

注：M—承压含水层厚度(m)。

2 第二类基坑工程降水

基坑帷幕已进入降水目的承压含水层中(悬挂式帷幕),基坑涌水量可按下列要求计算:

1) 过滤器底端埋深与帷幕底端埋深接近,基坑渗流类型为三维流时,可建立三维渗流模型,通过数值方法(有限元或有限差分)求解。

2) 管井过滤器全部或大部分超出止水帷幕埋深时,可不计三维流影响,可按大井法(表 B.0.2-2)公式计算。

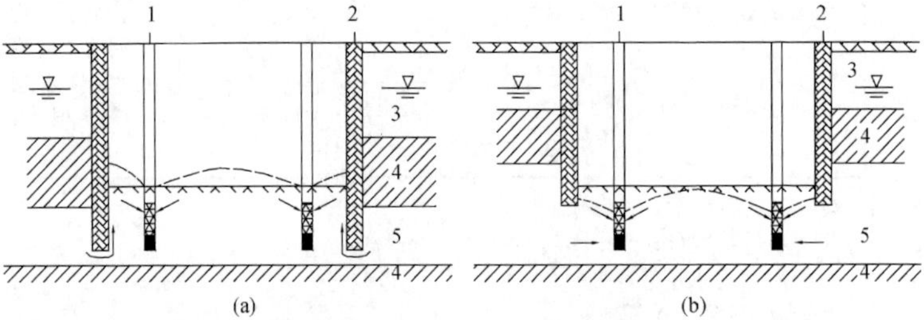

1—降水井;2—围护结构;3—潜水含水层;4—隔水层;5—承压水含水层

图 B.0.2-3　第四类基坑工程降水示意图

B.0.3 当基坑长度比为 20～50 时,可按条形基坑计算涌水量:

1 潜水

$$Q=\frac{KL(2H-s)s}{R}+\frac{1.366K(2H-s)s}{\lg R-\lg\frac{B}{2}} \quad (B.0.3\text{-}1)$$

2 承压水

$$Q=\frac{2KMLs}{R}+\frac{2.73KMs}{\lg R-\lg\frac{B}{2}} \quad (B.0.3\text{-}2)$$

注:B—条形基坑宽度。

B.0.4 基坑长宽比大于50时，可按线性基坑计算涌水量：

1 潜水

$$Q=\frac{KL(H^2-h^2)}{R} \tag{B.0.4-1}$$

2 承压水

$$Q=\frac{2KMLs}{R} \tag{B.0.4-2}$$

附录C　抽水试验渗透系数计算

C.0.1　单孔稳定流抽水，根据试验资料计算渗透系数时，可选用表 C.0.1 中的公式，但应符合下列要求：

1　当 Q-s（或 Q-Δh^2）关系曲线呈直线时，可以直接选用本附录表 C.0.1 中的公式。

2　当 Q-s（或 Q-Δh^2）关系曲线呈曲线，而 s/Q-Q（或 $\Delta h^2/Q$-Q）关系曲线呈直线时，可采用作图法求得纵轴（s/Q）上的截距 a（待定系数），并从表 C.0.1 内选用公式中的 Q/s 或 $Q/(H^2-\Delta h^2)$ 项以 α 代入后计算渗透系数。

3　当 Q-s（或 Q-Δh^2）关系曲线呈任一形式曲线时，可采用插值法计算渗透系数。

C.0.2　单孔稳定流邻河抽水，根据潜水含水层试验资料计算渗透系数时，除应遵守第 C.0.1 条的规定外，尚应根据邻河情况从表 C.0.1 选择相应的邻河公式。

C.0.3　多孔稳定流抽水，当观测孔中的降深 s（或 Δh^2），在 s-$\lg r$（或 Δh^2-$\lg r$）关系曲线上能连成直线时，则宜选用表 C.0.3-1～表 C.0.3-3 中的公式计算渗透系数。

C.0.4　多孔稳定流邻河抽水，根据潜水含水层试验资料计算渗透系数时，除应遵守第 C.0.3 条的规定外，尚应根据邻河情况、观测线布置方向，从表 C.0.3-1～表 C.0.3-3 选择相应的公式。

C.0.5　非稳定流抽水试验，根据其抽水孔或观测孔资料计算渗透系数时，宜选用下列公式：

1　配线法（Theis）

井函数 $W(u)$ 与 u 可按配线法求得。

1) 承压含水层完整孔

$$K=\frac{Q}{4\pi Ms}W(u) \qquad (C.0.5\text{-}1)$$

$$u=\frac{r^2 S_s}{4KMt} \qquad (C.0.5\text{-}2)$$

$$W(u)=\int_u^{\infty}\frac{1}{u}e^{-u}du \qquad (C.0.5\text{-}3)$$

2）潜水含水层完整孔

$$K=\frac{Q}{2\pi s(H+h_w)}W(u) \qquad (C.0.5\text{-}4)$$

$$u=\frac{\mu r^2}{4K(H+h_w)t} \qquad (C.0.5\text{-}5)$$

式中：$W(u)$——井函数；

r——观测孔至抽水孔的距离(m)；

u——井函数的自变量；

μ——潜水含水层的给水度。

2 直线法(Jacob)

当$\frac{r^2 S_s}{4KMt}$或$\frac{\mu r^2}{2K(H+h_w)t}<0.1$时，可采用下列公式：

1）承压含水层完整孔

$$K=\frac{2.3Q}{4\pi M(s_2-s_1)}\ln\frac{r_2}{r_1} \qquad (C.0.5\text{-}6)$$

$$K=\frac{2.3Q}{4\pi M(s_2-s_1)}\ln\frac{t_2}{t_1} \qquad (C.0.5\text{-}7)$$

2）潜水含水层完整孔

$$K=\frac{2.3Q}{2\pi(\Delta h_2^2-\Delta h_1^2)}\ln\frac{r_2}{r_1} \qquad (C.0.5\text{-}8)$$

$$K=\frac{2.3Q}{2\pi(\Delta h_2^2-\Delta h_1^2)}\ln\frac{t_2}{t_1} \qquad (C.0.5\text{-}9)$$

式中：s_1，s_2——观测孔或抽水孔在 s-lg t 关系曲线的直线段任意两点的纵坐标值(m)；

t_1，t_2——在 s-lg t(或 Δh^2-lg t)关系曲线上纵坐标为 s_1、s_2(或 Δh_1^2、Δh_2^2)，两点的相应时间(min)；

Δh_1^2，Δh_2^2——观测孔或抽水孔在 Δh^2-lg t 关系曲线的直线段上任两点的纵坐标值(m^2)。

C.0.6 非稳定流单孔抽水试验，在有越流补给但不考虑弱透水层弹性释水的条件下，利用 s-lg t 关系曲线上拐点处的斜率计算渗透系数时，宜选用下式：

$$K=\frac{2.3Q}{4\pi Mm_i\mathrm{e}^{\left(\frac{r}{B}\right)}} \tag{C.0.6}$$

式中：m_i——s-lg t 关系曲线上拐点处的斜率。

B——越流因数。

C.0.7 稳定流抽水试验或非稳定流抽水试验，当利用恢复水位资料计算渗透系数时，可选用下列公式：

1 停止抽水前动水位已稳定，可选用式(C.0.6)计算，式中的 m_i 值应为恢复水位 s-$\lg\left(1+\frac{t_k}{t_T}\right)$关系曲线上拐点处的斜率。

2 停止抽水前动水位仍呈直线下降时，可选用下列公式：

1) 承压含水层完整孔

$$K=\frac{Q}{4\pi Ms}\ln\left(1+\frac{t_k}{t_T}\right) \tag{C.0.7-1}$$

2) 潜水含水层完整孔

$$K=\frac{Q}{2\pi(H^2-h_w^2)}\ln\left(1+\frac{t_k}{t_T}\right) \tag{C.0.7-2}$$

式中：t_k——抽水开始到停止的时间(min)；

t_T——抽水停止时算起的恢复时间(min)；

s——水位恢复时的剩余降深(m)；

h_w——水位恢复树的潜水含水层厚度(m)。

C.0.8 如恢复水位曲线直线段的延长线不通过原点时，应分析其原因，必要时应进行修正。

表 C.0.1 单孔抽水渗透系数计算公式

序号	类型	计算图示	计算公式	适用条件
1	承压水完整孔	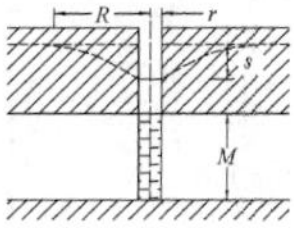	$K=\frac{Q}{2\pi Ms}\ln\frac{R}{r}$	
2	承压水非完整孔	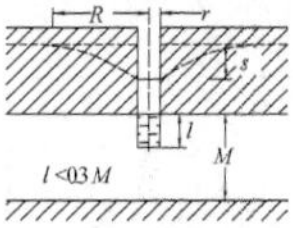	$K=\frac{Q}{2\pi ls}\ln\frac{1.6l}{r}$	1. 过滤器位于含水层顶部或底部； 2. $l<0.3M$
		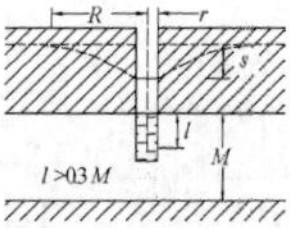	$K=\frac{0.366Q}{Ms}\left[\frac{1}{2a}\left(2\lg\frac{4M}{r}-A\right)-\lg\frac{4M}{R}\right]$ $a=\frac{l}{M}$ A 取决于 a 值，查下图可得 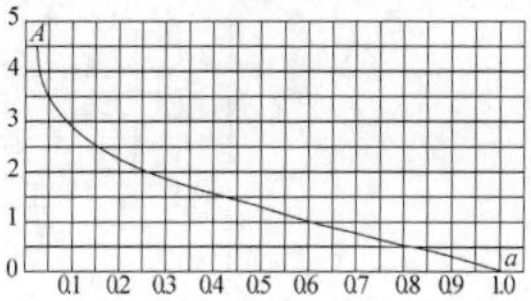	1. 过滤器位于含水层顶部； 2. $l>0.3M$
		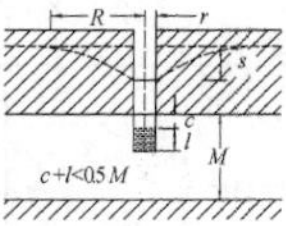	$K=\frac{0.366\,Q}{ls}\lg\frac{1.32l}{r}$	1. 过滤器位于含水层中部； 2. $l<0.3M$

续表C.0.1

序号	类型	计算图示	计算公式	适用条件
3	潜水完整孔	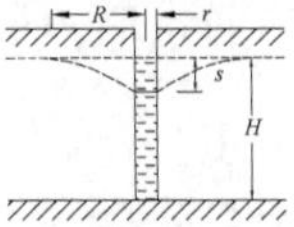	$K=\frac{Q}{\pi(2H-s)s}\ln\frac{R}{r}$	
		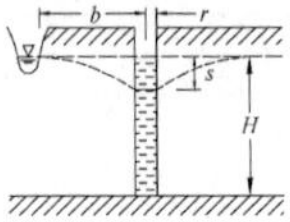	$K=\frac{Q}{\pi(2H-s)s}\ln\frac{2b}{r}$	1. 邻河； 2. $b<2H$
4	潜水非完整孔	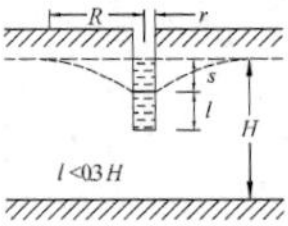	$K=\frac{0.732Q}{s\left(\frac{l+s}{\lg\frac{R}{r}}+\frac{l}{\lg\frac{0.66l}{r}}\right)}$	1. 非淹没式过滤器； 2. $l<0.3H$
		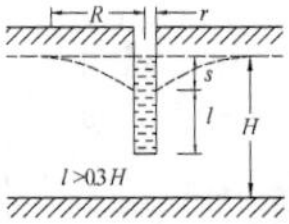	$K=0.732Q\Big/\left\{s\left[\frac{l+s}{\lg\frac{R}{r}}+\frac{2m}{\frac{1}{2a}\left(2\lg\frac{4m}{r}-A\right)-\lg\frac{4m}{R}}\right]\right\}$ 式中：m—抽水时过滤器长度的中点至含水层底板的距离； $a=\frac{l}{m}$ A—取决于 a 的数据，查表得 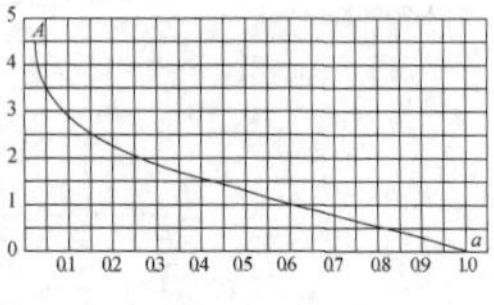	1. 非淹没式过滤器； 2. $l>0.3H$
		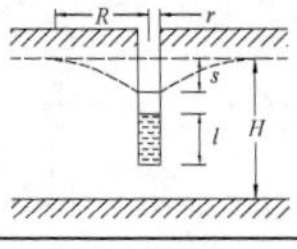	$K=\frac{0.366Q}{(s+l)s}\lg\frac{R}{r}$	过滤器在含水层中部
		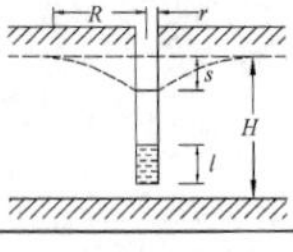	$K=\frac{Q}{\pi(H+l)s}\ln\frac{R}{r}$	过滤器在含水层下部

续表C.0.1

序号	类型	计算图示	计算公式	适用条件
4	潜水非完整孔	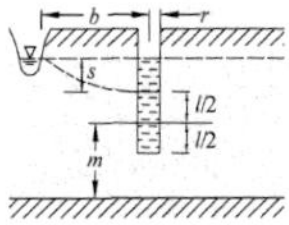	$K=0.732Q\Bigg/\left[s\left(\dfrac{l+s}{\lg\dfrac{2b}{r}}+\dfrac{l}{\lg\dfrac{0.66l}{r}+0.25\dfrac{l}{m}\lg\dfrac{b^2}{m^2+0.14}}\right)\right]$	1. 非淹没式过滤器； 2. 邻河； 3. 含水层厚度有限； 4. $b>m/2$
		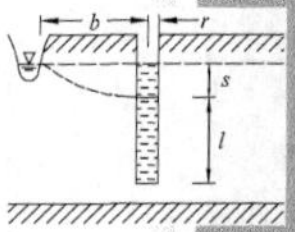	$K=\dfrac{0.732Q}{s\left(\dfrac{l+s}{\lg\dfrac{2b}{r}}+\dfrac{l}{\lg\dfrac{0.66l}{r}-0.22\operatorname{arsh}\dfrac{0.44l}{b}}\right)}$	1. 非淹没式过滤器； 2. 邻河； 3. 含水层厚度很大； 4. $b>l$
			$K=\dfrac{0.732Q}{s\left(\dfrac{l+s}{\lg\dfrac{2b}{r}}+\dfrac{l}{\lg\dfrac{0.66l}{r}-0.11\dfrac{l}{b}}\right)}$	1. 非淹没式过滤器； 2. 邻河； 3. 含水层厚度很大； 4. $b<l$
		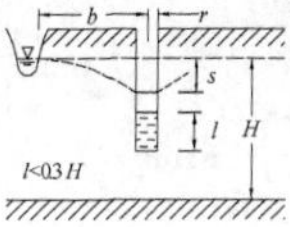	$K=0.16\dfrac{Q}{ls}\left(2.3\lg\dfrac{0.66l}{r}-\operatorname{arsh}\dfrac{0.45l}{b}\right)$	1. 邻河； 2. 过滤器在含水层中部； 3. $l<0.3H$
		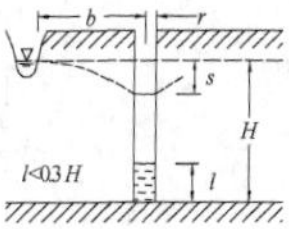	$K=0.16\dfrac{Q}{ls}\left(2.3\lg\dfrac{1.32l}{r}-\operatorname{arsh}\dfrac{0.9l}{b}\right)$	1. 邻河； 2. 过滤器在含水层底部； 3. $l<0.3H$

表 C.0.3-1 多孔抽水渗透系数计算公式

序号	类型	计算图示	计算公式	适用条件
1	承压水完整孔	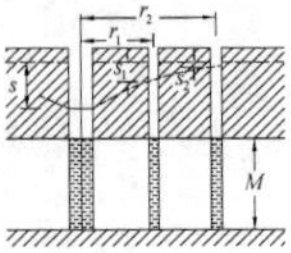	$K=\dfrac{Q}{2\pi M(s_1-s_2)}\ln\dfrac{r_2}{r_1}$	
2	潜水完整孔	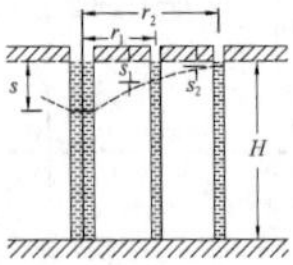	$K=\dfrac{Q}{\pi(2H-s_1-s_2)(s_1-s_2)}\ln\dfrac{r_2}{r_1}$ 或 $K=\dfrac{Q}{\pi(\Delta s_1^2-\Delta s_2^2)}\ln\dfrac{r_2}{r_1}$	
		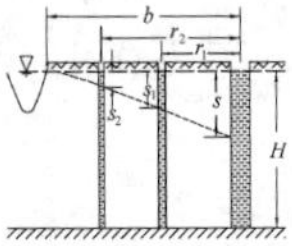	$K=\dfrac{0.732Q}{(2H-s_1-s_2)(s_1-s_2)}\lg\dfrac{r_2(2b-r_1)}{r_1(2b-r_2)}$	1. 邻河； 2. 观测线垂直岸边，观测孔位于近河一侧； 3. 两个观测孔
		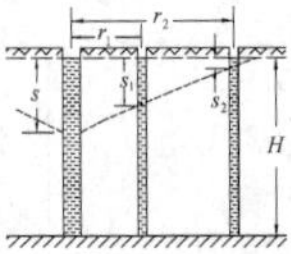	$K=\dfrac{0.732Q}{(2H-s_1-s_2)(s_1-s_2)}\left[0.5\lg\dfrac{4b^2+r_1^2}{4b^2+r_2^2}+\lg\dfrac{r_2}{r_1}\right]$	1. 邻河； 2. 观测线平行岸边； 3. 两个观测孔
3	承压水非完整孔	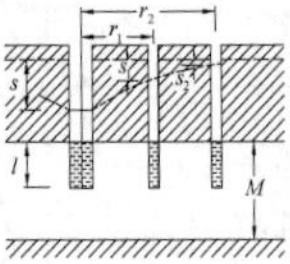	$K=\dfrac{0.16Q}{l(s_1-s_2)}\left(\operatorname{arsh}\dfrac{l}{r_1}-\operatorname{arsh}\dfrac{l}{r_2}\right)$	1. 过滤器接含水层顶板； 2. $l<0.3M$； 3. $r_2\leqslant 0.3M$，$r_1=0.3r_2$
			$K=\dfrac{0.16Q}{l(s_1-s_2)}\left[\operatorname{arsh}\dfrac{l}{r_1}-\operatorname{arsh}\dfrac{l}{r_2}-\dfrac{l}{M}\left(\operatorname{arsh}\dfrac{M}{r_1}-\operatorname{arsh}\dfrac{M}{r_2}-\ln\dfrac{r_2}{r_1}\right)\right]$	1. 过滤器接含水层顶板； 2. $l>0.3M$

续表 C.0.3-1

序号	类型	计算图示	计算公式	适用条件
4	潜水非完整孔	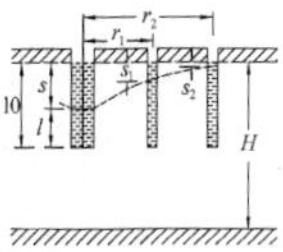	$K=\frac{0.16Q}{l''(s_1-s_2)}\left(\text{arsh}\frac{l''}{r_1}-\text{arsh}\frac{l''}{r_2}\right)$ 式中：$l''=l_0-0.5(s_1+s_2)$	1. 抽水孔为非浸没式过滤器； 2. $l<0.3H$； 3. $s<0.3l_0$； 4. $r_1=0.3r_2$，$r_2\leqslant0.3H$
		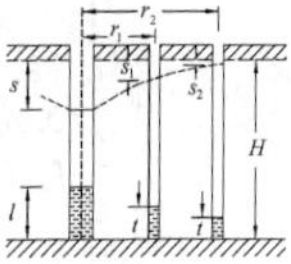	$K=0.08\frac{Q}{l''(s_1-s_2)}$ $\left[\text{arsh}\frac{0.4l''}{r_1}+\text{arsh}\frac{1.6l''}{r_1}-\text{arsh}\frac{0.4l''}{r_2}-\text{arsh}\frac{l''}{r_2}\right]$ 式中：$l''=l_0-0.5(s_1+s_2)$	1. 过滤器位于含水层中部； 2. $l<0.3H$； 3. $r_2<0.3H$
			$K=\frac{Q}{2\pi l''(s_1-s_2)}$ $\left[\text{arsh}\frac{l''}{r_1}-\text{arsh}\frac{l''}{r_2}-\frac{l''}{H}\left(\text{arsh}\frac{H}{r_1}-\text{arsh}\frac{H}{r_2}-\ln\frac{r_2}{r_1}\right)\right]$	$l>0.5H$
			$K=\frac{0.366Q}{(2s-s_1-s_2+l)(s_1-s_2)}\lg\frac{r_2}{r_1}$	过滤器位于含水层中部

注：反双曲正弦函数 $\text{arsh}(x)=\ln(x+\sqrt{x^2+1})$。

表 C.0.3-2 带一个观测孔渗透系数计算公式

序号	类型	计算图示	计算公式	适用条件
1	承压水完整孔	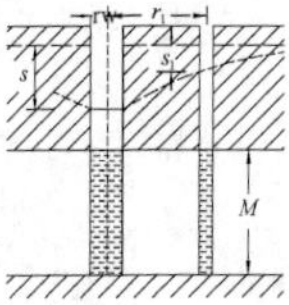	$K=\frac{Q}{2\pi M(s_w-s_1)}\ln\frac{r_1}{r_w}$	

续表 C.0.3-2

序号	类型	计算图示	计算公式	适用条件
2	承压水非完整孔	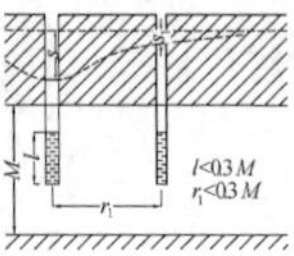	$K=\frac{0.08Q}{l(s-s_1)}\left[2\ln\frac{1.6l}{r}-(\mathrm{arsh}\frac{0.4l}{r_1}+\mathrm{arsh}\frac{1.6l}{r_1})\right]$	1. 过滤器位于含水层中部； 2. $r_1<2\sqrt{l_{max}}$，$l<0.3M$； 3. 主孔中最大水位下降值 $s_{max}=(0.3\sim0.5)l$
		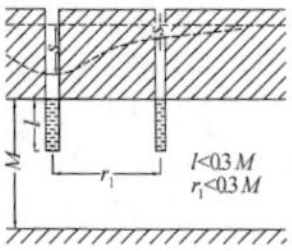	$K=\frac{0.16Q}{l(s-s_1)}\left[2.3\lg\frac{1.6l}{r}-\mathrm{arsh}\frac{l}{r_1}\right]$	1. 过滤器上部紧接含水层顶； 2. $r_1<0.3M$，$l<0.3M$，$l'=l$
3	潜水完整孔	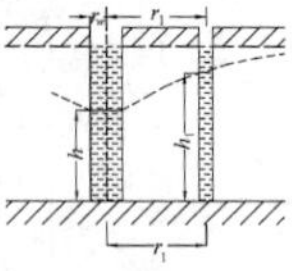	$K=\frac{Q}{\pi(h_1^2-h^2)}\ln\frac{r_1}{r_w}$	
		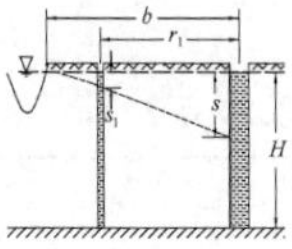	$K=\frac{0.732Q}{(2H-s_1)s_1}\lg\frac{2b-r_1}{r_1}$	1. 邻河； 2. 观测线垂直岸边，观测孔位于近河一侧； 3. 一个观测孔
		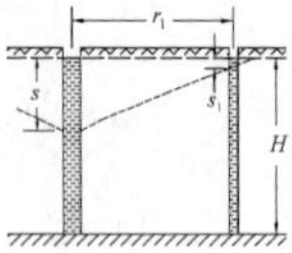	$K=\frac{0.732Q}{(2H-s_1)s_1}\lg\sqrt{\frac{4b^2+r_1^2}{r_1^2}}$	1. 邻河； 2. 观测线平行岸边； 3. 一个观测孔

续表 C.0.3-2

序号	类型	计算图示	计算公式	适用条件
4	潜水非完整孔	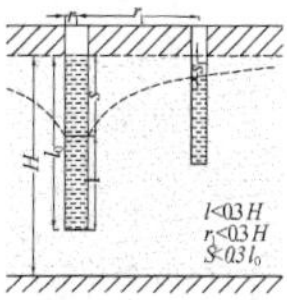	$K=\frac{0.16Q\left(2.3\lg\frac{1.6l}{r}-\mathrm{arsh}\frac{l}{r_1}\right)}{l(s-s_1)}$ $l=l_0-0.5(s+s_1)$	1. 过滤器位于含水层上部； 2. $s<0.3l_0$，$l<0.3H$，$r_1<0.3H$
		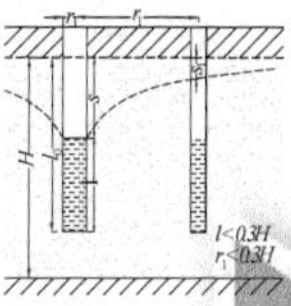	$K=\frac{0.08Q\left[2\ln\frac{1.6l}{r}-\left(\mathrm{arsh}\frac{0.4l}{r_1}+\mathrm{arsh}\frac{1.6l}{r_1}\right)\right]}{l(s-s_1)}$ $l=l_0-0.5(s-s_1)$	$l<0.3H$ $r_1<0.3H$
		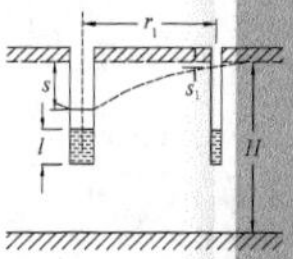	$K=\frac{0.16Q}{ls_1}\left(\mathrm{arsh}\frac{l}{r_1}-\mathrm{arsh}\frac{1}{\sqrt{4b^2+r_1^2}}\right)$	1. 过滤器位于含水层中部； 2. 邻河； 3. 观测线平行岸边； 4. $l<0.3H$
		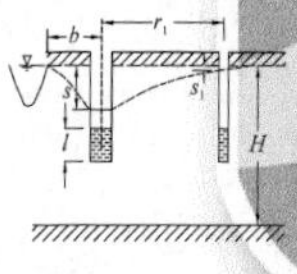	$K=\frac{0.16Q}{ls_1}\left(\mathrm{arsh}\frac{l}{r_1}-\mathrm{arsh}\frac{1}{2b\pm r_1}\right)$	1. 过滤器位于含水层中部； 2. 邻河； 3. 观测线垂直岸边且在远河一侧； 4. $l<0.3H$

表 C.0.3-3 具有二层结构的含水层渗透系数计算公式

序号	类型	计算图示	计算公式	适用条件
1	承压水多孔抽水	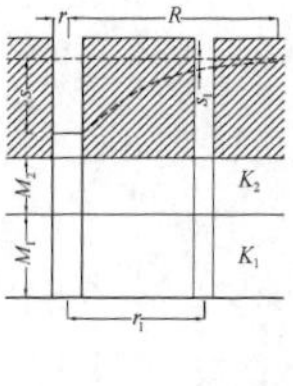	$K_2=\frac{Q}{2\pi M_2(s-s_1)}\ln\frac{r_1}{r}$	1. 具二元结构； 2. 承压水完整井求上层 k_2； 3. 过滤器安置于上部含水层； 4. 有 1 个观测孔； 5. 求 k_1 时将抽水井及相应的观测孔钻至下部含水层底板，过滤器安置于下部含水层，式中以 M_1 代替 M_2

续表 C.0.3-3

序号	类型	计算图示	计算公式	适用条件
2	承压水多孔抽水	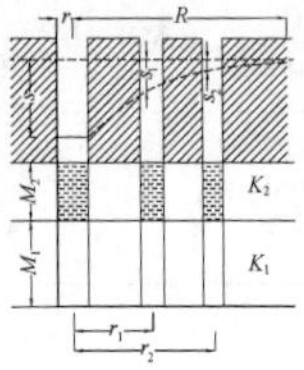	$K_2=\frac{Q}{2\pi M_2(s_1-s_2)}\ln\frac{r_2}{r_1}$	1. 具二元结构； 2. 承压水完整井求上层 k_2； 3. 过滤器安置于上部含水层； 4. 有 2 个观测孔； 5. 求 k_1 时将抽水井及相应的观测孔钻至下部含水层底板，过滤器安置于下部含水层，式中以 M_1 代替 M_2

附录 D　影响半径的估算公式

D.0.1　降水影响半径宜通过试验确定，也可根据不同试验方法、不同含水层性质等因素或根据经验综合确定。

D.0.2　对于稳定流抽水试验，采用有观测孔的试验资料时，可按下列公式进行估算：

1　对于承压水含水层，根据观测孔数量不同，其计算图示有所不同，具体如图 D.0.2-1 所示。

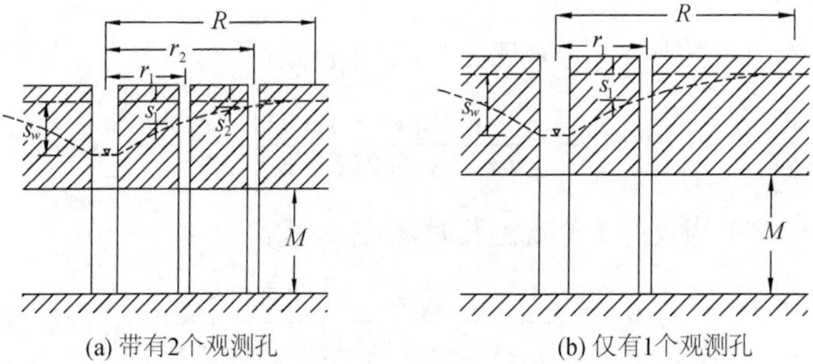

图 D.0.2-1　承压含水层影响半径计算图示

1) 当带有 2 个观测孔时，影响半径的估算公式：

$$\lg R=\frac{s_1\lg r_2-s_2\lg r_1}{s_1-s_2} \tag{D.0.2-1}$$

2) 当仅有 1 个观测孔时，影响半径的估算公式：

$$\lg R=\frac{s_\mathrm{w}\lg r_1-s_1\lg r_\mathrm{w}}{s_\mathrm{w}-s_1} \tag{D.0.2-2}$$

2 对于潜水含水层，根据观测孔数量不同，其计算图示有所不同，具体如图 D.0.2-2 所示。

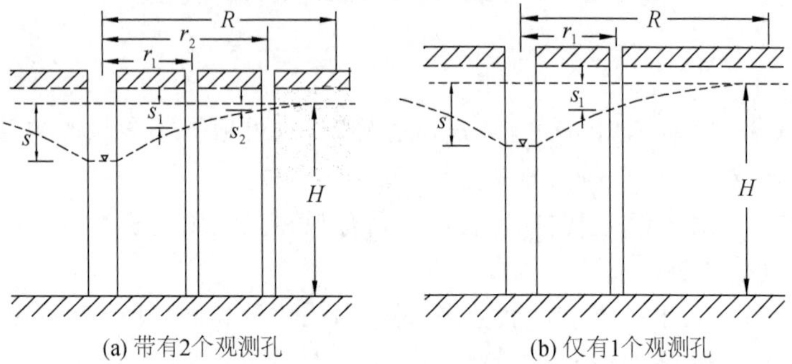

图 D.0.2-2 潜水含水层影响半径计算图示

1）当带有 2 个观测孔时，估算公式：

$$\lg R=\frac{s_1(2H-s_1)\lg r_2-s_2(2H-s_2)\lg r_1}{(s_1-s_2)(2H-s_1-s_2)} \quad (D.0.2\text{-}3)$$

2）当仅有 1 个观测孔时，估算公式：

$$\lg R=\frac{s(2H-s)\lg r_1-s_1(2H-s_1)\lg r}{(s-s_1)(2H-s-s_1)} \quad (D.0.2\text{-}4)$$

式中：R——影响半径(m)；

K——渗透系数(m/d)；

r_w——井的半径(m)；

H——静止水位高度或潜水含水层厚度(m)；

M——承压含水层厚度(m)；

h_1，h_2——观测孔内动水位高度(m)；

s，s_w——抽水井内水位降深(m)；

s_1，s_2——观测孔内水位降深(m)；

r_1，r_2——抽水井至观测孔的距离(m)。

D.0.3 对于稳定流抽水试验，当无观测孔试验资料时或对于安全等级为二级、三级的地下水控制工程，可按下式进行估算：

1 承压水含水层

$$R=10s\sqrt{K} \tag{D.0.3-1}$$

2 潜水含水层

$$R=2s\sqrt{HK} \tag{D.0.3-2}$$

式中：R——影响半径(m)；

s——水位降深(m)；

K——渗透系数(m/d)；

H——静止水位高度或潜水含水层厚度(m)。

附录E　土体渗透性分级

表E　土体渗透性分级

等级	渗透系数(cm/s)	土类
极微透水	$K<10^{-6}$	黏土、淤泥质黏土
微透水	$10^{-6}\leqslant K<10^{-5}$	粉质黏土、淤泥质粉质黏土
弱透水	$10^{-5}\leqslant K<10^{-4}$	黏质粉土
中等透水	$10^{-4}\leqslant K<10^{-3}$	砂质粉土
中强透水	$10^{-3}\leqslant K<10^{-2}$	粉砂、细砂
强透水	$10^{-2}\leqslant K<10^{-1}$	中砂、粗砂

附录 F　降水诱发沉降的估算

F.0.1　当基坑外地下水下降，可能对周边环境造成不良影响时，可按下式进行地下水下降引起的地面沉降计算：

$$S_d=\psi\sum_{i=1}^{n}\frac{\Delta\sigma'_{zi}\Delta h_i}{E_{si}} \tag{F.0.1}$$

式中：S_d——降水作用下土体固结沉降量(m)；

ψ——沉降计算经验系数，应根据地区工程经验取值；

Δh_i——第 i 层土的厚度(m)；

E_{si}——第 i 层土的压缩模量(kPa)，取土的自重应力至自重应力与有效应力增量之和之间压力段的压缩模量值；

$\Delta\sigma'_{zi}$——降水引起的地面下第 i 层土中点处有效应力增量(kPa)，可按下式进行计算；对黏性土，应取降水结束时土体固结度下有效应力增量。

F.0.2　当降水符合稳定流条件时，地下水位宜按稳定流计算；当符合非稳定流条件时，宜按地下水位非稳定流计算。有效应力增量宜根据计算的地下水位按下式计算：

1　当计算点位于初始地下水位以上时

$$\Delta\sigma'_{zi}=0 \tag{F.0.2-1}$$

2　当计算点位于当前水位与初始水位之间时

$$\Delta\sigma'_{zi}=r_w a_0 \tag{F.0.2-2}$$

3　当计算点位于当前水位以下时

$$\Delta\sigma'_{zi}=r_{w}s_{i} \tag{F.0.2-3}$$

式中：a_0——计算点标高与初始水位高差(m)；

s_i——第 i 层土中水位变化(m)。

本规范用词说明

1 为便于在执行本规范条文时区别对待，对要求严格程度不同的用词说明如下：

1）表示很严格，非这样做不可的用词：
正面词采用“必须”；
反面词采用“严禁”。

2）表示严格，在正常情况下均应这样做的用词：
正面词采用“应”；
反面词采用“不应”或“不得”。

3）表示允许稍有选择，在条件许可时首先应这样做的用词：
正面词采用“宜”；
反面词采用“不宜”。

4）表示有选择，在一定条件下可以这样做的用词：
正面词采用“可”；
反面词采用“不可”或“不必”。

2 条文中指明应按其他有关标准执行的写法为：“应符合……的规定”或“应按……执行”，非必须按所指定的标准执行时，写法为“可参照……执行”。

引用标准名录

1 《岩土工程勘察规范》GB 50021
2 《岩土工程勘察安全标准》GB 50585
3 《建筑地基基础设计规范》GB 50007
4 《供水水文地质勘察规范》GB 50027
5 《管井技术规范》GB 50296
6 《城市轨道交通工程监测技术规范》GB 50911
7 《土工试验方法标准》GB/T 50123
8 《铁路工程地质勘察规范》TB 10012
9 《铁路工程水文地质勘察规程》TB 10049
10 《铁路工程地质钻探规程》TB 10014
11 《水文水井地质钻探规程》DZT 0148
12 《建筑与市政工程地下水控制技术规范》JGJ 111
13 《供水水文地质钻探与管井施工操作规程》CJJ/T 13
14 《建筑变形测量规范》JGJ 8
15 《城市地下水动态观测规程》CJJ 76
16 《工程建设水文地质勘察标准》CECS 241
17 《孔隙水压力测试规程》CECS 55
18 《岩土工程勘察规范》DGJ 08—37
19 《建设工程水文地质勘察标准》DG/TJ 08—2308
20 《基坑工程技术标准》DG/TJ 08—61
21 《岩土工程勘察外业操作规程》DG/TJ 08—1001
22 《地面沉降监测与防治技术规程》DG/TJ 08—2051
23 《房屋建筑和市政基础设施工程勘察文件编制深度规定》(2020)

上海市交通运输行业协会团体标准

上海市域铁路水文地质勘察规范(试行)

T/SHJX 0016—2020

条 文 说 明

2021　上海

目　次

1 总 则

1.0.1 根据《上海市城市总体规划(2017—2035年)》,上海市规划了建设总里程达1 000 km的市域铁路,形成由市域线、市区线和局域线组成的多层次轨道交通网络。2018年12月19日,国家发展改革委正式批复同意上海市城市轨道交通第三期建设规划,首期建设3条市域铁路。目前,国内关于工程建设水文地质勘察的规范较少,且多为供水、水利水电、冶金、电力、铁路等行业,内容多侧重于水文地质测绘、水资源评价以及水环境保护等;上海市工程建设规范《建设工程水文地质勘察标准》DG/TJ 08—2308—2019侧重于专项水文地质勘察,主要涉及内容为降水、回灌及环境监测等方面,对上海市域铁路水文地质勘察缺少指导意义。

上海属软土地区,且存在多层含水层,水量丰富,水文地质条件较为复杂。目前,经过了多年大规模城市建设和地下空间开发,对上海地区工程建设中的水文地质条件已有深刻的认识,也积累了丰富的水文地质勘察设计经验,掌握了复杂环境下有效控制地下水的成套技术和工艺。在总结上海地区工程建设,特别是首条市域铁路水文地质勘察设计经验和地下水控制经验的基础上,为保证后续市域铁路水文地质勘察质量,保证工程安全和保护环境,促进技术进步,特编制本规范。

1.0.2 本规范是针对上海市域铁路工程建设的水文地质勘察规范,规范了水文地质勘察工作,统一了基本技术要求,规定了不同勘察阶段对应的勘察内容。

1.0.3 水文地质勘察根据工程性质不同,勘察内容和要求也有所不同。基坑工程、联络通道、工作井等部位属重点勘察对象,地面线路、高架线路、停车场、动车所等部位勘察要求可适当降低。

3　基本规定

3.0.1　查明水文地质条件并进行分析与评价是一项重要工作。对于小型的、水文地质条件较简单、地下水影响较小或周边环境条件较简单的单体工程，水文地质勘察可结合岩土工程勘察进行，水文地质勘察成果在岩土工程勘察报告中单列一章。

3.0.2　随着工程建设规模越来越大，特别是基坑向超深方向发展，为防止基坑突涌，基坑开挖时往往需要对上海地区第一承压含水层，甚至需要对第二承压含水层进行降压处理。在复杂的周边环境下，长时间、大降深的降水活动势必带来复杂的环境地质问题，常规的水文地质勘察工作内容难以满足工程要求。根据《上海市基坑工程管理办法》(沪住建规范〔2019〕4 号)，基坑安全等级和环境保护等级均为一级，如果隔水帷幕不能将目的含水层完全隔断且需要抽、降承压水时，应进行专门的水文地质勘察。

1　上海市工程建设规范《基坑工程技术标准》DG/TJ 08—61—2018 规定，根据基坑的开挖深度等因素，基坑工程安全等级应分为以下三级：

1) 基坑开挖深度大于等于 12 m，属一级安全等级基坑工程。

2) 基坑开挖深度小于 7 m，属三级安全等级基坑工程。

3) 除一级和三级以外的基坑均属二级安全等级基坑工程。

2　根据基坑周边环境的重要性程度及其与基坑的距离，基坑工程的环境保护等级应分为以下三级，相应的基坑变形控制指标按表 1 的规定采用。

表 1　减压降水环境保护等级

<table>
<tr><th>环境保护对象</th><th>与基坑距离关系</th><th>环境保护等级</th></tr>
<tr><td rowspan="3">优秀历史建筑，有精密仪器与设备的厂房，采用天然地基或短桩基础的医院、学校和住宅等重要建筑物，磁浮线、轨道交通设施，隧道，防汛墙，原水管、自来水总管、煤气总管、共同沟、航油管等重要建(构)筑物或设施</td><td>$s \leqslant H$</td><td>一级</td></tr>
<tr><td>$H < s \leqslant 2H$</td><td>二级</td></tr>
<tr><td>$2H < s \leqslant 4H$</td><td>三级</td></tr>
<tr><td rowspan="2">较重要的自来水管、煤气管、污水管等市政管线，采用天然地基或短桩基础的建筑物等，桩基持力层为减压降水目的含水层且未被隔断的建(构)筑物</td><td>$s \leqslant H$</td><td>二级</td></tr>
<tr><td>$H < s \leqslant 2H$</td><td>三级</td></tr>
</table>

注：1　H 为基坑开挖深度，s 为保护对象与基坑开挖边线的水平净距。
2　基坑工程环境保护等级可依据基坑各边的不同环境情况分别确定。
3　位于轨道交通设施、优秀历史建筑、重要管线、磁浮线等环境保护对象周边的基坑工程，还应遵照政府有关文件和规定执行。

3.0.3　专门水文地质勘察时，应进行沉降监测。

3.0.6　在试验结束后，对于不再利用的勘探孔和试验孔应进行有效封孔，对于承压含水层的孔位应采用素混凝土、水泥浆或黏土球封孔，潜水含水层的孔位可采用水泥浆或黏土球封孔，以保证其不会对后期工程建设产生不利影响。

4　勘察阶段

4.1　一般规定

4.1.1　针对水文地质复杂地段、重大水文地质问题或有其他要求的专门水文地质勘察，可不受阶段限制。

4.3　工作量布置

4.3.3　根据工程实践经验，渗透性较弱的地层，抽水试验较为困难，此时可采取钻孔注水试验获取渗透系数；渗透性较强的地层宜采用抽水试验。由于上海地区处于海相沉积地貌，地下水流速一般小于 5 m/d，除特殊要求外，一般无须进行流速测试。根据地区经验，上海地区地下水无明显的流向，除特殊要求外，一般无须测定流向。浅部含水层可能与地表水体有水力联系，或不同含水层可能存在连通且对拟建工程有不利影响时，应布置水力联系观测工作。

4.3.5　分层沉降观测可采用多点位移计、沉降磁环或直接埋设分层沉降标的方法。从地区多年观测效果看，建议采用分层沉降标。

4.3.7　根据工程经验，多孔抽水试验、群孔抽水试验和回灌试验时，往往有大型钻机、管井材料、泥浆车等进场，且占地面积较大，试验场地需具备足够的面积、较好的交通便利条件和水源；拟建工程场地如不具备条件，需另选址进行。为查明试验场地的地质情况，应进行地质勘察，并分析场地的地质是否相近，以保证试验成果具有代表性；否则，应重新选址勘察。

1 由于上海地区含水层渗透性的各向异性、试验孔的非完整性对渗流场形态有较大影响，目前缺乏合适的解析法进行分析与计算，上海地区多采用数值法进行模拟计算水文地质参数，数值法要求建模的平面和竖向范围均较大，且边界条件对结果影响较大，因此要求勘察平面范围满足地下水控制影响范围；同时，考虑到难以对地下水控制影响范围进行大面积勘察，且上海地区地层相对稳定，故试验场地外可以搜集资料为主。

4 含水层的渗透性与颗粒级配密切相关，需根据级配选择合理的过滤器及滤料规格。

5 考虑到降水过程中会产生沉降，需提供地下水控制目的含水层的上覆、下伏层位的压缩模量和固结系数，估算降水引发的沉降，并与实际监测值进行对比，为分析、预测地下水控制对周边环境的影响提供依据。

6 进行地下水回灌试验时，应进行水质分析，不合格的水质需进行相应的水质处理，否则不得作为回灌水源。

4.3.8

2 地面沉降和周边环境沉降的监测范围应根据水文地质参数的经验值预估。根据地区经验，以抽水孔为中心，监测半径不小于 10 倍水位降深较为合理。

3 监测点建议采用米字型、网格状，场地限制时也可采用十字型；监测点间距不大于 15.0 m，越靠近抽水试验中心，间距应越小，以 10.0 m 为佳。

4.3.9 根据工程需要，也可通过埋设孔隙水压力计代替观测孔。

4.4 勘察纲要

4.4.1 通常，水文地质勘察纲要可合并在岩土工程勘察纲要中，专门的水文地质勘察纲要应单独编制。

5 水文地质调绘

5.1 一般规定

5.1.1 水文地质调绘应根据工程建设规模、水文地质条件的复杂程度确定是否需要单独进行。当水文地质条件复杂时，应单独进行水文地质调绘。经过水文地质调绘后，可以了解基本的地质情况和问题，以指导后续勘察工作的布置，从而提高水文地质工作的针对性。

5.1.2 为查明水文地质条件，需要查明地下水的补给、径流、排泄条件，而工程地质调绘往往范围有限，故水文地质调绘范围应适当扩大，既要考虑拟建工程对周边环境的影响，同时也需考虑周边环境对拟建工程的影响。

5.2 调绘内容与要求

本节规定了水文地质调绘的主要内容和要求，执行时，可根据勘察阶段、勘察任务要求有所侧重。

5.2.1 根据地区经验，地下水控制措施往往采用疏干或降压，势必导致抽水影响范围内的土体产生沉降。故应调查地下水控制影响范围内重要建(构)筑物的结构、基础形式、使用年限、目前状态以及沉降控制要求等，使地下水控制措施更有针对性。

6 水文地质勘探

6.1 一般规定

6.1.1 水文地质勘探工作内容包括试验场地的地质勘探、注水试验孔、抽水试验孔、回灌试验孔、承压水水位长期观测孔、水力联系观测孔、土体分层沉降点、孔隙水压力观测孔、沉降点等施工，具体施工内容可根据实际酌情增减。

6.1.2 试验场地的地质勘探采用取芯钻进时，岩芯需摆放整齐，并拍照归档；注水试验孔、抽水试验孔、回灌试验孔、承压水水位长期观测孔、水力联系观测孔在成孔过程中，应采用清水钻进，根据地区经验，粉性土、砂性土在清水钻进时易发生坍塌、缩颈等现象，故可采用泥浆钻进，但应采取有效的洗井措施，以保证钻孔的透水性能不受影响。成孔过程中，孔内泥浆比重应控制在1.10～1.35，黏度保持在28 s～42 s，含砂量小于4%，失水量小于8～20 cm^3/30 min；终孔前应进行换浆，确保终孔泥浆比重不大于1.10。

6.2 勘探技术要求

6.2.1 正循环钻进时，泥浆是从钻杆内腔输入，再带动钻碴沿钻杆与孔壁之间的空间上升到地面；反循环钻进，泥浆是从钻杆与孔壁之间的空间流入孔底，并携带钻碴经由钻杆内腔返回地面。反循环泥浆的上返速度比正循环快很多，故正循环钻进效果差于反循环钻进。

6.2.3

3 可采用钢套管打入隔水层 1 m～2 m 或用黏土球充填套管与孔壁间隙，确保套管与孔壁之间不漏水；套管接头应密合止水。

4 采用钢管或优质 UPVC 管材均能满足试验要求；采用钢管时，管径不宜小于 50 mm；采用 UPVC 管材时，如采用黏土球作为封堵材质，管径也不宜小于 50 mm，孔壁与管壁间距不应小于 100 mm。

6.2.4

1 单孔涌水量、水文地质参数等主要受含水层性质、孔结构以及成孔质量等多因素影响，难以通过理论准确计算。为减小误差，抽水孔的结构应与后续地下水控制可能采用的工程降水井保持一致，相近的成井质量、相似的孔结构得出的成果更具有代表性。

2 当试验深度较浅时，可采用 UPVC 管材，壁厚不宜小于 4 mm；试验深度较深时，应采用钢管，壁厚不宜小于 4 mm。考虑到井阻对渗流场影响较大，试验孔的孔径应与地下水控制时采用的井径一致；根据上海地区经验，降水井直径不小于 600 mm，井管直径不小于 273 mm。如进行简易抽水试验，孔径、管径可适当减小。

3 试验时，过滤器长度宜根据地区降水工程经验设定，可参考表 2。

表 2 滤管长度建议表

承压含水层性质	降水井滤管的最小长度(m)	
	工程主体内承压水位降深≤4.0 m	工程主体内承压水位降深＞4.0 m
黏质粉土、砂质粉土	≥8	≥10
粉土与粉砂互层	≥5	≥8
粉砂、细砂、粗砂	≥3	≥6

5 滤料体积应大于设计体积；填料过程中要做到均匀填充，

如两侧滤料高度不同，容易造成井管偏斜。

6 滤料层之上宜填筑高膨胀性止水黏土球，其目的在于增强止水效果和预防不符合水质要求的地表水渗入。止水材料宜选用水化时间大于 40 min、膨胀系数为 2 倍～3 倍、密实度为 1.3 t/m^3～1.4 t/m^3 的优质钠基膨润土制作的黏土球；球径宜为 15 mm～20 mm，球径过大，填料过程中易出现“架桥”现象。鉴于目前上海市域范围内缺少止水性能良好的黏土材料做黏土球，在选择质量好的黏土材料基础上，做黏土球前掺入 15％以上膨润土，以提高黏土球的止水性能。

6.2.5

1 回灌孔的结构具体如图 1 所示。

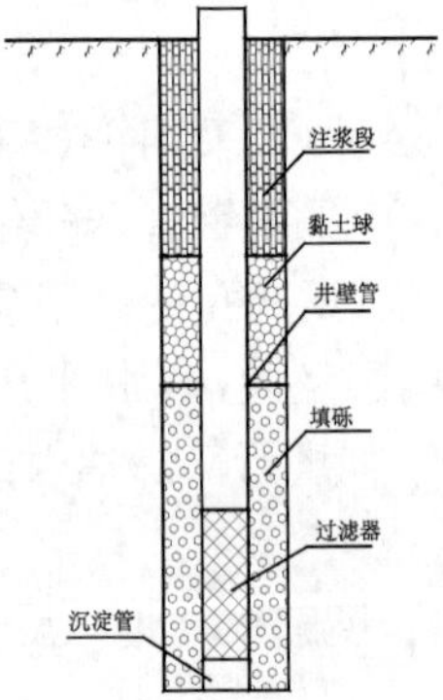

图 1 回灌孔结构示意

3 除按本规范第 6.2.4 条止水封闭外，尚应采用压密注浆法止水。需先在上部止水封闭段预留至少 2 根注浆管，回填密实后压密注浆，注浆段长度不宜小于 20 m。

5 考虑到试验过程中加压回灌，试验孔须加强止水措施。孔壁外侧注浆时间在成井结束 1 周后，旨在保证黏土球下沉稳定；注浆施工结束至开始回灌，休止期应不少于 20 d，旨在保证注浆液凝固达到一定强度。

6.2.6 用于水力联系、抽水试验和回灌试验观测，成孔要求应按本规范第 6.2.4 条执行，孔径、管径可适当减小。

6.2.7

4 透水材料可采用石英砂等，隔水材料可采用优质黏土球，具体可参考本规范第 6.2.4 条。

6.2.8 为防止地表水窜入试验孔，试验管口应高出地表不小于 0.3 m。

6.2.11 空压机与活塞交替洗井方法如下：

1 空压机洗井是将空压机风管和排水管连体下入孔底，排水管管口阀门关闭后直接向孔内送风，让其管内水上下蹿动，含水层内水上下循环达到冲洗井壁及含水层的效果。关闭空压机，打开排水管阀门后开始送风，将第一步洗井落至孔底的沉淀直接排至孔外。反复洗井，直至孔内无沉淀和杂质排出为止。

2 活塞洗井宜采取“先串动后提拉”的方式，即每次提拉前，先在过滤器段自上而下逐段反复串动，之后快速提拉出来；当过滤器段的井内水柱较低时，应向井内灌入清水至过滤器段顶部以上，然后再拉活塞，使井管内形成较大负压；活塞橡胶片过松时，应及时更换，确保活塞作用的有效发挥；活塞洗井一般提拉次数大于 40 次，持续时间大于 4 h，直至径流畅通、井内浊水转清。

3 洗井效果达到井水中不含有泥浆等管井施工物质，井水应无色透明，单位出水量不再增加，在 2 h 连续洗井过程中，井水含砂量趋于稳定。

7 水文地质试验

7.1 注水试验

7.1.1 使用清水，一是避免污染地下水，二是保证试验成果准确性。当泥沙含量较多时，可能会影响试验成果质量。

7.1.2 注水试验应符合下列要求：

1 注水试验设备可按表 3 进行选择。

表 3 钻孔注水试验设备

设备类型	名　称
供水设备	水箱、水泵、工作管、注水管
止水材料	套管、黏土
过滤器	包网过滤器、填砾过滤器
量测设备	流量计、秒表、米尺、水位计、温度计

1）供水设备：水箱容积不应小于 2 m^3，水泵类型应根据试验段渗透性大小选择（注入量大时，可选用潜水泵；注入量小时，可选用活塞式水泵）。

2）止水材料：上海地区一般采用套管打入法或采用优质黏土材料进行止水。

2 考虑到上海地区地层易坍塌，试验段应采用过滤器进行护壁，过滤器长度不大于 5 m，底部可封闭也可不封闭，但二者计算模式不同。钻孔注水试验孔结构示意见图 2。

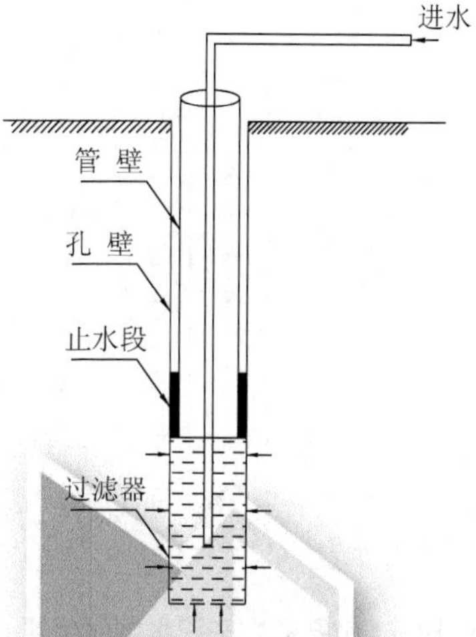

图 2　钻孔注水试验孔结构示意

3　造孔完成后需要成图，必须测量孔口坐标、高程。孔内所有测深、过滤器、套管等的安装，均应从同一基准点算起。

7.1.5　地下水初始水位观测执行第 7.1.4 条规定。

7.1.6　试验资料整理

1　钻孔常水头注水试验计算图式可参考图 3。

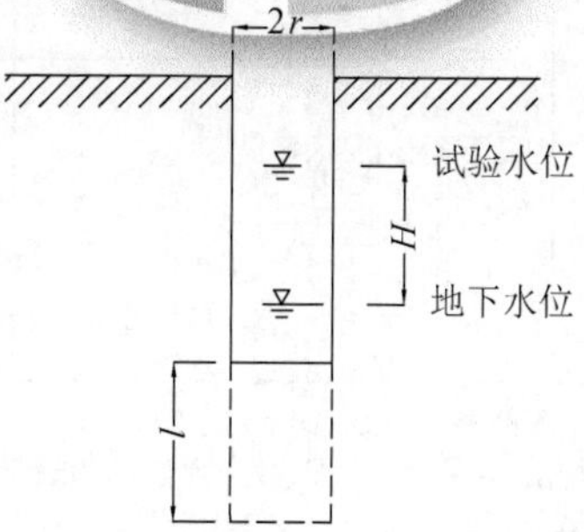

H—试验水头；l—试验段；r—试验段钻孔半径

图 3　钻孔常水头注水试验示意

2 钻孔变水头注水试验计算图式可参考图 4。

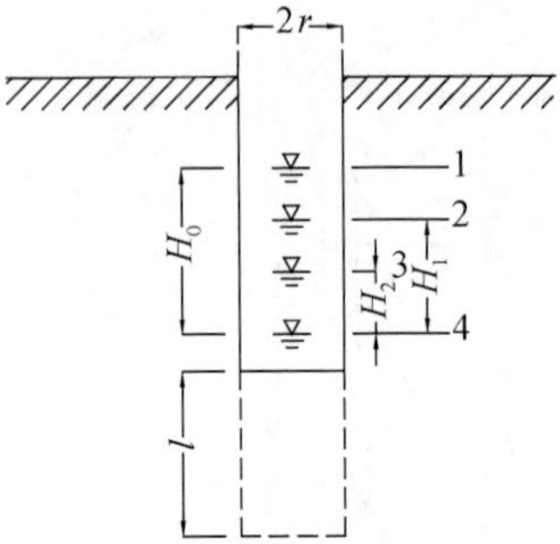

1—初始试验水位；2—t_1 时刻试验水位；3—t_2 时刻试验水位；4—地下水位；H_0—初始试验水头；H_1—t_1 时刻试验水头；H_2—t_2 时刻试验水头；l—试验段；r—试验段钻孔半径

图 4 钻孔变水头注水试验示意

3 形状系数取值可参考表 4。

表 4 形状系数取值

试验条件	简图	形状系数 A	备注
试验段位于地下水位以下，止水材料安装至试验段顶部，试验段下过滤器，孔壁和孔底进水	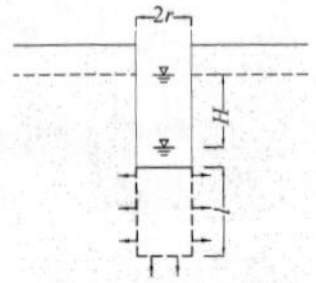	$\dfrac{2\pi l}{\ln\dfrac{ml}{r}}$	$l/r>8$ $m=\sqrt{K_h/K_v}$
试验段位于地下水位以下，止水材料安装至试验段顶部，试验段下过滤器，孔壁和孔底进水，试验段顶部为不透水层	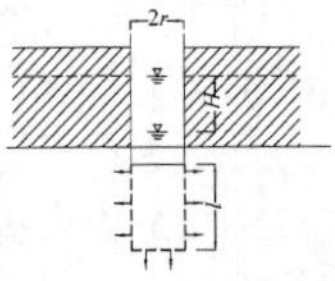	$\dfrac{2\pi l}{\ln\dfrac{2ml}{r}}$	$l/r>8$ $m=\sqrt{K_h/K_v}$

注：传导比 m 根据工程经验，其取值如下：黏土取 4.5～7.0，粉土取 3.0～4.5，砂类土取 1.5～3.0。当土体均质，传导比 $m=1$，各向异性的渗透系数计算公式就可以简化为各向同性渗透计算公式。

7.2 抽水试验

7.2.1 抽水试验孔的选址应避开重要的或需重点保护的建(构)筑物周边,且应与基坑场地的地质条件相近的位置。

7.2.2 群孔抽水试验应采用非稳定流抽水试验,因为建立数值模型所需要的导水系数、释水系数、越流系数及给水度等参数,用稳定流抽水试验无法得到。

7.2.3

3 采用同一工具和方法观测水位、沉降和流量是为了减小不同方法和工具引起的误差。

7 对渗透性差异较大、富水性强、厚度大的含水层,垂向上宜划分若干个试验段,根据需要对其中一段或几段进行分段抽水试验。各次降深的水泵吸水管口的安装深度应相同。

7.2.4

1 针对同一地层,多孔或群孔抽水试验的观测线应为1条~2条。

2 通常,抽水井周边存在紊流和三维流,当距抽水孔大于1倍含水层厚度时,其对观测成果的影响较小,故本条规定最近的观测孔与抽水孔的距离不宜小于含水层厚度,且不宜小于10.0 m;如抽水量较小、过滤器直径较大时,则距离可适当减小,但仍不宜小于5.0 m。对于最远观测孔与抽水孔距离,应保证观测孔中测得的水位降深易于达到稳定且不受含水层边界影响,以便于资料分析和采用多种方法计算水文地质参数;也可减小测量误差,最远观测孔的孔内水位降深不宜小于20 cm,以保证试验成果的可靠性。

3 同一含水层中的各观测孔过滤器长度宜相等,并安置于同一深度上,主要基于增加可比性,为分析提供方便。

7.2.5 不同降深计算的水文地质参数应基本一致,采用3次不同降深主要目的是便于验证参数的合理性。

7.2.8 当采用数值法分析场地水文地质条件时，宜进行大流量、大降深的群孔抽水试验。

7.2.10 当沉淀物厚度超过了过滤器长度10%时，应重新做抽水试验。

7.2.11

4 稳定流抽水试验后，应绘制 $Q=f(s)$ 或 $q=f(s)$ 关系曲线，如图5和图6所示，并依据图中曲线类型进行分析判断，见表5。

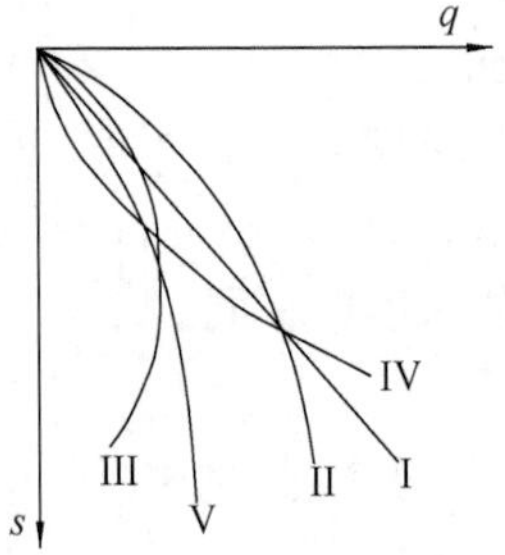

图5 $Q=f(s)$关系曲线图

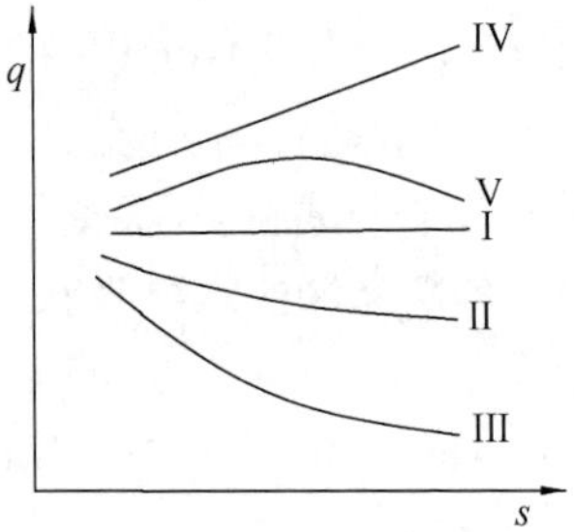

图6 $q=f(s)$关系曲线图

表5 曲线类型判断

曲线类型	分析与判断
Ⅰ	为承压水正常曲线
Ⅱ	属正常曲线，但受管壁、过滤器阻力或三维流紊流的影响
Ⅲ	水源不足，或过滤器受到阻塞
Ⅳ	一般为不正常曲线，当抽水泵放置于过滤器进水部位顶部时，表明试验有误，应重抽；当抽水泵放置于过滤器进水部位，受三维紊流影响，可视为正常曲线
Ⅴ	不正常曲线，属降深过大造成

非稳定流抽水试验后，应绘制 s-t、s-$\lg t$ 关系曲线，分别如图7和表8所示。

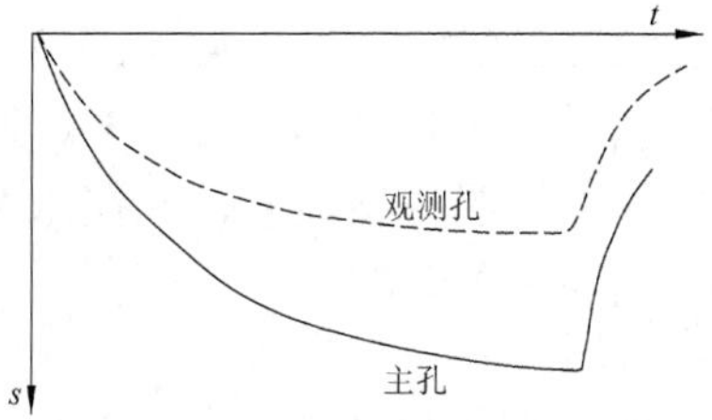

图 7　$s-f(t)$关系曲线图

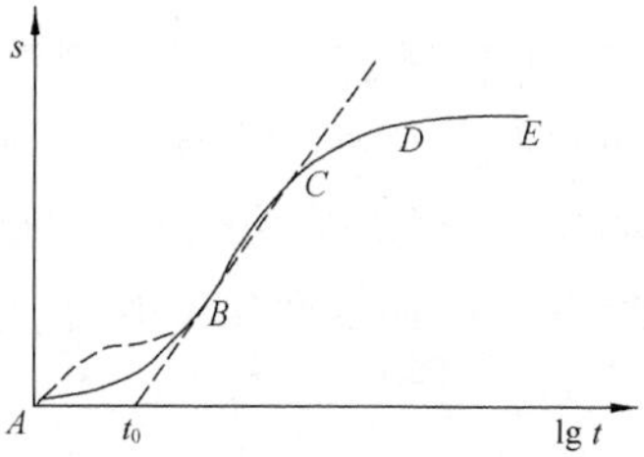

图 8　$s-\lg(t)$关系曲线图

(1) *AB* 段：当管壁阻力较大时，会呈现上下虚线所示的曲线，不宜用作计算段。

(2) *BC* 段：无越流及管壁阻力的影响，一般用作渗透系数、储水系数的计算段。

(3) *CD* 段：为越流偏离段。

(4) *DE* 段：可作为越流系数段。

7.3　回灌试验

7.3.1　长期降水会导致以基坑为中心的大面积地下水位下降，从而使基坑周边建(构)筑物产生沉降、不均匀沉降、倾斜等。为尽量消除上述不利影响，往往采用工程降水与回灌一体化技术，借助回灌措施，在保护对象周边进行地下水回灌，在确保基坑安全的前提下，使保护对象周边的地下水位尽量减小变化或保持原状态，以减小甚至消除长期降水引发的不利影响。

7.3.3　根据地区经验做法，保护对象地下水位抬升一般大于 2 m 更有实际意义。地下水位抬升 2 m～5 m 时，回灌井间距一般控制在 15 m 为佳；地下水位抬升大于 5 m 时，回灌井间距控制在 10 m 为宜。故本条要求回灌孔间距均不宜大于 15 m。

7.3.5　群孔回灌试验是指 3 个及以上回灌孔同时进行回灌试验。

7.3.6　回灌水源的水质不得污染地下水。

7.3.7 根据上海地区经验，多采用管井回灌法。一般采用自然状态下的重力回灌；当重力回灌无法满足回灌要求时，可考虑进行加压回灌。因此，设计施工前应进行加压回灌试验，充分考虑回灌系统是否满足受压要求以及回灌含水层的渗透系数和储水系数，并分析加压回灌可能对周边环境带来的影响。

7.3.11

3 回灌影响半径可利用稳定流试验中回灌孔与观测孔数据采用下式计算：

$$\lg R=\frac{s_1\lg r_2-s_2\lg r_1}{s_1-s_2} \tag{1}$$

式中：s_1——距离回灌孔 r_1 处水位上升值(m)；

s_2——距离回灌孔 r_2 处水位上升值(m)；

R——影响半径(m)。

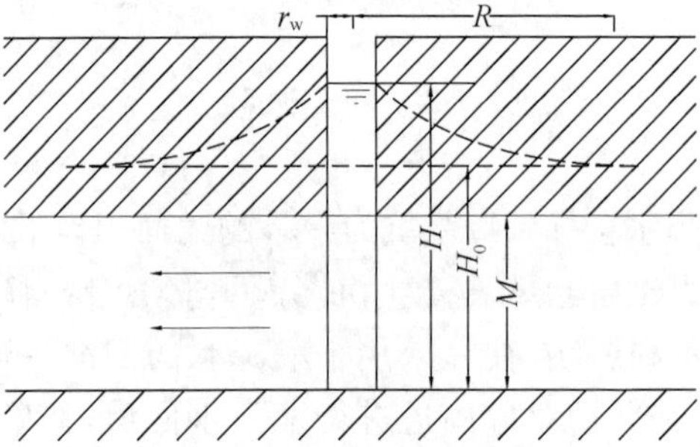

图 9 承压水回灌孔计算简图

根据地区经验，上海地区主要针对承压含水层进行回灌，承压含水层的单井回灌量计算简图见图 9，可采用下式估算：

$$q=2.732\ KM\frac{h_0-H_0}{\lg\frac{R}{r_w}} \tag{2}$$

式中：q——单井回灌量(m^3/d)；

K——渗透系数(m/d);

R——影响半径(m);

r_w——回灌井半径(m);

h_0——井内回灌动水位(m);

H_0——自然状态下含水层底板至井内水位高度(m);

M——承压含水层厚度(m)。

保证回灌水仅进入目的含水层而不进入其他含水层或溢出地表的最大回灌压力值即为极限回灌压力;具有一定安全储备下的回灌压力建议值即为设计回灌压力。

8　水文地质动态观测与沉降监测

8.2　地下水

8.2.3　目前，各单位观测设备多用皮尺或电测水位计，是符合观测工作总的精度要求的。

8.2.4　目前，上海地区大多采用流量法，少数使用堰测法。为使水表正常工作，水流中不得夹杂砂等杂物，一般误差为 2%～3%；三角堰法一般适用于出水量较小时，大流量时误差较大。

8.3　沉降监测

8.3.2　基准点应埋设标石或标志，且应在埋设达到稳定后方可开始进行测量，稳定期不宜小于 7 d。基准点应避开交通干道主路、地下管线、仓库堆场、河岸、松软填土、滑坡地段、机器振动区以及其他可能使标石、标志易遭腐蚀和破坏的地方。

8.3.3　地面沉降监测点宜采用直径不小于 ϕ20 mm 的钢筋，且需穿透填土层进入原状土层，监测点钢筋与孔壁之间采用 PVC 管护壁，地面露头不低于 10 cm，钢筋露头处有明显保护标记及编号；如在既有建(构)筑物上设置监测点，可直接采用钢钉打入。地面沉降监测点布置剖面如图 10 所示。

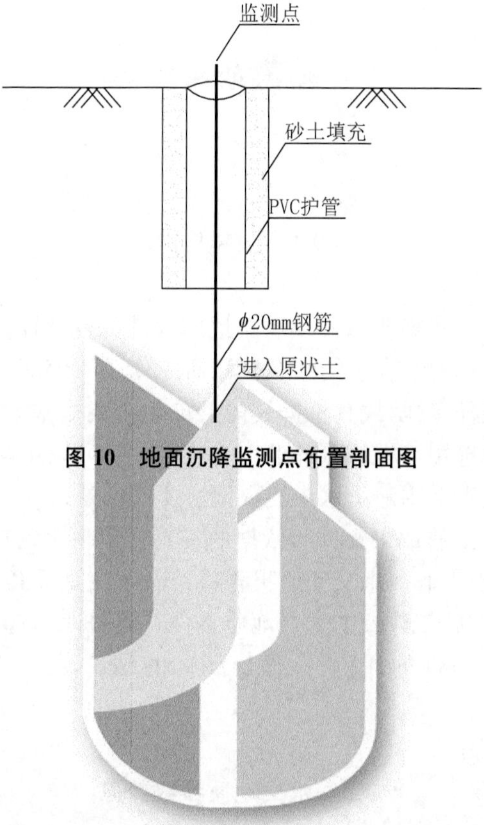

图 10　地面沉降监测点布置剖面图

9 勘察成果整理

9.1 一般规定

9.1.3 由于工程地质条件及水文地质条件的复杂性，目前对水文地质参数计算的经验总结和有关科研工作还不够深入，而试验方法又具有多种多样，故宜根据具体条件和公式的基本原理与适用条件合理地选用。根据通常做法，多孔试验可采用解析法求参；群孔试验优先采用地下水渗流数值法反演求参。

9.1.4 水文地质成果文件所依据的资料为第一手资料，应真实可靠，严禁弄虚作假。水文地质报告应结合水文地质条件及工程特点，对设计与施工涉及的水文地质条件及降排水引起的周边环境问题进行针对性的评价，并作出明确的结论，提出相关合理的建议。

9.2 水文地质参数计算

9.2.5 水文地质概念模型即把含水层实际的边界类型、内部结构、渗透性质、水力特征和补给、排泄等条件概化为便于进行数学与物理模拟的模式。地下水数值模型是以水文地质概念模型为基础所建立的，能逼近实际地下水系统结构、水流运动特征和各种渗透要素的一组数学关系式。数值模型识别系根据已知的初始、边界条件，对地下水数值模型的计算结果进行分析，以达到选择正确参数(即参数识别)，校正已建数值模型和边界条件的计算过程。数值模型检验即采用模型识别后的参数和初始、边界条件，选用不同计算时段的资料进行数值模拟，将计算所得数据和实际观测数据进行比对，检验数值模型的正确性。

9.3 水文地质分析与评价

9.3.1 主要规定了水文地质分析评价所需的基本条件以及工作思路。水文地质分析评价应重视收集类似工程的地下水控制经验，重视现场水文地质试验以及地层结构相关的原位测试结果，并注意含水层骨架的不均匀性造成水文地质参数的不确定性。

9.3.2 地下水控制的主要方法包括隔水、降排水以及地下水回灌等。明确受地下水控制影响而需要采取保护措施的环境对象，其目的是为地下水控制一体化设计与施工提供依据。

5 地下水位下降引发的环境沉降机理非常复杂，实际工作中，多采用基于分层总和法的估算方法，可按本规范附录 F 的规定进行计算与分析。

7 为保证工程主体安全，提出工程降排水设计建议时应明确保证工程主体施工安全的水位降深控制值；应明确降水井结构参数以及单井涌水量建议值等，为工程降排水设计与施工提供可靠的参数。

根据上海地区经验，有关滤管长度、隔水帷幕深度、回灌措施效果的经验总结如下：

1） 承压水降水井及回灌井的滤管长度可参考表 6 确定。

2） 上海地区建设工程的隔水帷幕深度控制要求可按照表 6 确定。

表 6　减压降水井滤管与悬挂式隔水帷幕的相对埋深建议

<table>
<tr><th>工程主体内承压水位降深 s(m)</th><th>隔水帷幕底端与降水井滤管底端的高差 Δ(m)</th><th>备注</th></tr>
<tr><td>$s \leqslant 5$</td><td>$1 \leqslant \Delta < 3$</td><td rowspan="3">1. 降水井布置于工程主体范围内坑内；
2. 滤管埋深小于隔水帷幕深度；
3. 需减压降水的工程主体宽度不大于 30 m</td></tr>
<tr><td>$5 < s \leqslant 10$</td><td>$3 \leqslant \Delta < 5$</td></tr>
<tr><td>$s > 10$</td><td>$\Delta \geqslant 5$</td></tr>
</table>

3）当需要采取地下水回灌措施作为保护周边环境的辅助设施时，回灌设计参数可按表 7 确定。

表 7　承压水回灌设计参数建议

<table>
<tr><th>含水层性质</th><th>回灌井水平间距(m)</th><th>水量回灌率</th></tr>
<tr><td>粉土、粉砂</td><td>8～12</td><td rowspan="2">$\geqslant$(0.2～0.3)</td></tr>
<tr><td>细砂</td><td>10～15</td></tr>
<tr><td>说明</td><td colspan="2">1. 为提高回灌效果，回灌井滤管宜设置于承压含水层顶部或上半段；
2. 工程主体外回灌井滤管埋深应小于隔水帷幕深度</td></tr>
</table>

9.3.3　地下水渗流数值模型应真实反映拟建场地的水文地质条件、工程性质及工况条件、降排水施工条件等。在地下水渗流数值模拟中，应重视以下方面：

1　在进行地下水渗流模拟时，应保证模型输入参数的真实可靠性。

1）分析现有岩土工程勘察成果和水文地质勘察成果文件。

2）分析地下水控制目的含水层的性质，包括各项物理力学性质指标及原位测试指标等。

3）在分析区域水文地质资料、拟建项目的现场抽水试验资料及类似工程地下水控制经验的基础上，综合把握地层的水力特性，给定地下水渗流数值模拟所需的计算参数。

2 建立物理模型时，应遵循以下原则：

1）可将与降水目标含水层水力联系较弱的若干地层作适当组合与合并，形成数量较少的地质层。

2）地下水控制目标含水层一般采用岩土工程勘察成果文件的地质分层。

3）对厚度较大的地下水控制目标含水层，由于黏性土薄层等水力特性有较大差异的亚层对渗流场有较大影响，建模时宜根据真实地质条件将地下水控制目标含水层划分为若干地质层。

3 确定数值分析计算范围时，应满足以下要求：

在设置模型的定水头边界条件时，定水头边界与降排水中心（或工程主体中心）的距离应根据含水层的水力特性确定，主要包括：

1）黏质粉土层中的定水头边界与降排水中心（或工程主体中心）的距离不宜小于 600 m。

2）砂质粉土层中的定水头边界与降排水中心（或工程主体中心）的距离不宜小于 1 200 m。

3）砂层中的定水头边界与降排水中心（或工程主体中心）的距离不宜小于 1 800 m。

4）定水头边界处的释水量，不宜超过总体释水量的 15%。可以此为原则，检查设置定水头边界的合理性。

5）物理模型的竖向底边界应延伸至地下水控制降水目的含水层的下伏隔水层顶面。

4 数值模型的网格剖分应满足以下要求：

1）网格的长宽比不宜大于 2～3。

2）降排水区域及周边 3 倍降深的范围内，网格边长不宜大于 20 m。

3）在观测井附近，网格边长不宜大于 3 m。

4）隔水帷幕底端位置处、降水井及回灌井的滤管顶端底端位置处，应设置层单元线。

5 初始地下水位的输入值需遵循以下原则：

1） 承压含水层的初始水位，根据实测初始水位取值。

2） 潜水含水层的初始水位，可取与其竖向距离最近的承压含水层的实测初始水位值。

6 应力期总长度应根据地层性质确定，且应满足以下要求：

1） 砂层、砂质粉土层的应力期总长度不宜大于 5d。

2） 黏质粉土层的应力期总长度不宜大于 15d。

3） 计算过程中，应力期长度可分别取 1d、3d、5d、15d。当需要考虑弱透水层的越流性质时，应再增设一个应力期。

7 模型校正应满足以下要求：

1） 应根据现场抽水试验资料，对模型参数进行识别。

2） 可采用地下水数值模拟软件中的 PEST 模块，或采用试估调试法。

3） 根据校正模型，对原方案进行复核，校正模型可作为设计依据。

8 计算结果核查和分析包括以下内容：

1） 对隔水边界两侧的水位降深进行核查。

2） 对地下水质量平衡进行核查。

3） 对降排水区域的渗流场进行核查，经查询、确定降排水能力薄弱区段后，根据经验判断进行降水井数量与平面位置调整。

4） 对比分析降排水区域内外的水位降深比例关系，并根据工程经验判断其是否合理。

5） 当计算单元出现干涸现象时，该层单元内的井的滤管不再工作，渗流场出现异常，应采用简化方法消除（可在特定应力期设置零流量）。

9.3.4 本条规定了地下水回灌建议应满足的基本要求。

1　根据含水层性质、单孔与群孔的回灌量、回灌压力等评价地下水的回灌可行性。

2　提供地下水回灌设计参数建议值，包括回灌井结构、回灌井间距、回灌压力等，为后续降水与回灌一体化技术提供技术依据。

3　为防止地下水回灌引起的地下水污染，对采用的回灌水源水质提出控制要求。

4　为保证地下水能持续、有效回灌，应对回灌井的质量、运维等提出合理化建议。

9.3.5　上海地区软土层较厚，地下水位高，在基坑开挖过程中，在渗透力的作用下，粉（砂）性土层或黏性土与粉性土夹砂的地层易产生土体渗透破坏。本条以渗流水力梯度 i 不大于地基土的临界水力梯度 i_c 来判别坑底土的抗渗流稳定性。对于板式支护体系的基坑，其防渗地下轮廓线形状较为简单，水头不大时多采用本条建议的直线比例法（介于 15 m～20 m），既方便计算，又能满足工程要求；但本方法没有考虑基坑形状对渗流的影响，也没有考虑坑周土不透水层的深度以及地基土的不均匀性等因素，不能用来计算基坑渗流水量。当稳定性验算不能满足要求时，宜采取增加隔水帷幕长度或坑外适当降水等措施。

当基坑底部附近具有产生渗透变形条件时，水泥土重力式围护和板式支护基坑，应按下列公式验算基坑开挖后地基土的抗渗流或管涌稳定性：

$$\gamma_s i \leqslant \frac{1}{\gamma_{RS}} i_c \tag{3}$$

$$i = \frac{h_w}{L} \tag{4}$$

$$L = \sum L_h + m_s \sum L_v \tag{5}$$

$$i_c = \frac{(G_s - 1)}{1 + e} \tag{6}$$

式中：γ_s——渗流作用分项系数，取 1.0；

i——坑底土的渗流水力梯度；

h_w——基坑内外土体的渗流水头，取坑内外地下水位差(m)；

L——最短渗流路径流线总长度(m)；

$\sum L_h$——渗流路径水平段总长度(m)；

$\sum L_v$——渗流路径垂直段总长度(m)；

m_s——渗流路径垂直段换算成水平段的换算系数，单排帷幕墙时取 1.5，多排帷幕墙时取 2.0；

i_c——坑底土体的临界水力梯度；

G_s——坑底土的颗粒比重；

e——坑底土的天然孔隙比；

γ_{RS}——抗渗流分项系数，取 1.5～2.0，基坑开挖面以下土为砂土、砂质粉土、黏性土与粉性土有明显薄层粉砂夹层时取最大值。

坑底土抗渗流稳定性验算如图 11 所示。

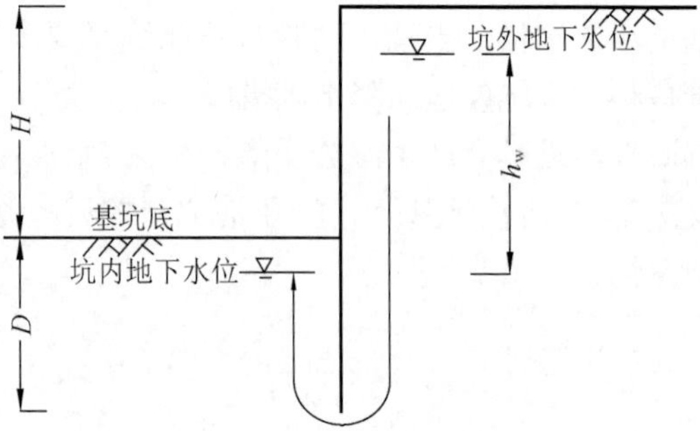

图 11　坑底土抗渗流稳定性验算示意

9.3.6　基坑开挖面以下存在承压含水层且其上部存在不透水层时，应按下式验算开挖过程中不透水层的抗承压水稳定性，计算图示见图 12。

$$\gamma_s p_{wk} \leqslant \frac{1}{\gamma_{RY}} \sum \gamma_i h_i \tag{7}$$

式中：γ_s——承压水作用分项系数，取 1.0；

p_{wk}——承压含水层顶部的水压力标准值(kPa)；

γ_i——承压含水层顶面至坑底间各土层的重度(kN/m^3)；

h_i——承压含水层顶面至坑底间各土层的厚度(m)；

γ_{RY}——抗承压水分项系数，取 1.05。

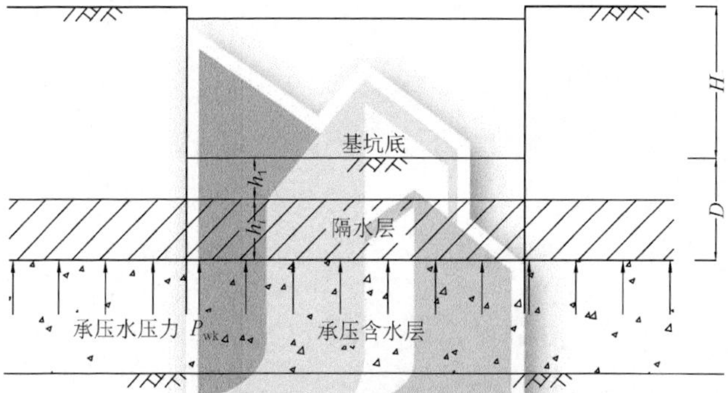

图 12　坑底土抗承压水稳定性验算示意

9.4　成果编制

9.4.4

6　地下水控制应能满足地下结构施工的要求、支护结构设计和施工的要求，使其在施工期间不受地下水的影响，保证基坑边坡和坑底的渗透稳定。同时应满足工程周边邻近的建(构)筑物、地下管线、道路的安全和正常使用。在满足工程需要的同时应正确处理环境保护和节约水资源的关系。地下水的控制方法应根据场地工程地质、水文地质和周边环境条件并结合基坑和基础施工方案综合分析、确定。

1）当基坑周边道路、地下管线、邻近建(构)筑物因地下水位下降引起的沉降可能超越其允许值时，应采取截水措施。

2）当基坑周边空旷，地下水位下降不会危及道路、地下管线及邻近建(构)筑物的安全时，可采取降水措施。

3）当地下水下降已影响基坑周边环境安全时，可采取回灌措施。